Wanda Półtawska

Lernt einander lieben

AF642726

Wanda Półtawska

Lernt einander lieben

fe

Dieses Buch stellt die autorisierte Zusammenfassung der Exerzitien vom 3.-5.7.2010 in Spała bei Tomaszów Mazowiecki für die Gemeinschaft „Domowy Kościół“ der Bewegung Licht – Leben der Erzdiözese Łódź in Polen dar. Die Exerzitien wurden durch Initiative von Aneta und Wojciech Niźnikowski organisiert.

Die Übersetzung dieses Buches wurde durch finanzielle und persönliche Unterstützung von FOR ME ermöglicht. FOR ME richtet sich an Menschen aller Altersgruppen, die auf der Suche nach persönlicher Erfüllung im Leben sind. Dr. Wanda Poltawska unterstützt FOR ME seit Gründung. www.for-me.io

Deutsches Lektorat: Maria Bielak

3. Auflage 2025
© Fe-Medienverlag, Hauptstr. 22,
88353 Kisslegg-Immenried
www.fe-medien.de
Layout: Renate Geisler
Umschlagbild: ljubaphoto/istock

Druck: mcpdruk, Polen

ISBN: 978-3-86357-401-7

Alle Rechte vorbehalten

Inhaltsverzeichnis

Einleitung 7

Der Mensch als Kind Gottes 9

Erwachsen werden 23

Pädagogik der Heiligkeit 33

Liebe als Aufgabe 49

Geschlechtlichkeit – Gabe und Aufgabe 61

Sitz der männlichen Verantwortung 69

Lehre deinen eigenen Körper, des Bruders Körper zu sein 77

Der Mann als Erster voran 89

Die Frau – Wächterin des Lebens 105

Eine Mutter, die alles versteht 113

Geheimnis der Mutterschaft 119

Verantwortung für die Jugendjahre 131

Zwei gegensätzliche Frauenbilder – Eva und Maria 143

Verantwortliche Elternschaft 151

Empfängnisverhütung – Verstoß gegen das Erste Gebot 157

Ehe – eine lebenslange Aufgabe 165

Aufgaben der Erzieher 175

Ehegatten werden Eltern 185

Selbstbildung 193

Schule 199

Gemeinsame Wertehierarchie 209

Dankt nicht, sondern lest! 223

Karol Wojtyłas Anthropologie 231

Eltern fragen 235

Quellennachweis 263

Einleitung

Wahrheit als Gabe und Aufgabe

In unserer Erinnerung war Dr. Wanda Półtawska nahezu immer zugegen. Unsere Eltern entdeckten sie durch die Person Johannes Pauls II., von dem sie fasziniert waren und für dessen Leben und Lehre sie sich interessierten. Frau Dr. Półtawska war mit Karol Wojtyła, dem späteren Papst, viele Jahre in enger Freundschaft verbunden.

Später als Eheleute lasen wir Bücher von Frau Dr. Półtawska und waren begeistert von ihr, insbesondere auch von ihrem Buch *Beskider Exerzitien*. In uns begann der Wunsch zu reifen, sie zu treffen.

Die Organisatoren der Exerzitien mit der Autorin, Spała, Juli 2010 (Foto: aus dem Archiv der Familie Niźnikowski)

Als Frau Dr. Półtawska im November 2009 zu einer Konferenz in Łagiewniki in Łódź fuhr, konnten wir uns dies nicht entgehen lassen. Als wir dann ihren Worten lauschten, reifte in uns der Wunsch, Exerzitien für die „Bibelrunde“, einer katholischen Gemeinschaft, der wir seit dem Beginn unserer Ehe angehören, zu organisieren. Nach der Konferenz holten wir uns ein Autogramm von ihr und legten ihr in wenigen Worten unsere Vorstellung dar. Frau Dr. Półtawska war einverstanden und ersuchte uns, ihr einen Brief mit Einzelheiten zu schicken.

Die nächsten Monate korrespondierten wir mit ihr, um genaue Details dieser Exerzitien festzulegen. Wir bewahren alle diese Briefe wie eine Reliquie auf, in der festen Überzeugung, dass sie irgendwann heiliggesprochen wird.

Das vorliegende Buch besteht aus Aufzeichnungen von Dr. Półtawskas Vorträgen bei diesen Exerzitien in Spała vom 3. bis 5. Juli 2010. Die hier vorliegenden Inhalte sind ein Echo der Lehre des hl. Johannes Paul II. Davon zeugen auch folgende Worte: „Ich habe alle seine Schriften gelesen und kenne sie auswendig.“ Das genau ist der Kern dessen, was wir in diesen unvergesslich heißen Tagen gehört haben.

Die in diesem Buch enthaltene Wahrheit ist uns als Gabe und Aufgabe gegeben. Schöpfen wir aus diesem Schatz und teilen wir ihn mit anderen. Lernen wir einander lieben!

Aneta und Wojciech Niżnikowski, die Eltern von Łucja, Emilia, Adam, Kinga und Szymon

Der Mensch als Kind Gottes

Die Grundlage der wahren Liebe zum Kind ist eine authentische Liebe zwischen den Ehegatten. Und die Grundlage sowohl der ehelichen als auch der elterlichen Liebe ist der Halt in Gott, eben Gottes Vaterschaft.

Johannes Paul II. *(Kielce, 3. Juni 1991)*

Was ist Anthropologie? Das ist die Lehre vom Menschen. Erziehung ist menschliches Tun, also müssen wir zuerst erkennen, was der Mensch ist, denn von dieser Auffassung hängt später unsere erzieherische Tätigkeit ab.

Ich unterrichte die Anthropologie Karol Wojtyłas, also christliche Anthropologie, und seine Philosophie, welche er Personalismus nannte. Gegen Ende seines Wirkens fasste er seine Lehre in einem einzigen Satz zusammen: „Alle persönlichen Probleme des Menschen, der Familie, der Pfarrgemeinde und des Volkes und der Menschheit löst die *genealogia divina* – des Menschen Abstammung von Gott."

Das ist der erste Punkt und die Grundlage – der Ansatz für das gesamte nachfolgende Gedankengut, das sich daraus entwickelt. Ich möchte in Erinnerung rufen, dass Karol Wojtyła als junger Bischof am II. Vatikanischen Konzil teilnahm und in der Kommission für Familienangelegenheiten eine bedeutende Rolle spielte. Nach dem Konzil gab Papst Paul VI. die Enzyklika *Humanae vitae* heraus – die Grundlage für Ethik in der Ehe, die es in jedem Haus geben und die allen bekannt sein sollte. Diese Schrift entstand in Kooperation von Papst Paul VI. mit dem damaligen Bischof Karol Wojtyła, der seine ganze Tätigkeit eben auf der Grundlage dieser Aufgaben ausübte, die in der Enzyklika *Humanae vitae* den Bischöfen gestellt worden waren. Paul VI. schrieb, die wichtigste seelsorgerische Aufgabe aller Bischöfe und Priester auf der Welt müsse die Familie sein.

Karol Wojtyła nahm sich dieser Idee als Bischof sehr stark an, sein ganzes Leben lang stand für ihn die Familie und ihre Heiligkeit an erster Stelle. Seine Lehre lässt sich in einem Satz zusammenfassen: „Alle persönlichen Probleme des Menschen und der Familie löst die *genealogia divina* – des Menschen Abstammung von Gott." Heutzutage herrscht auf der Welt die biologische Abstammungslehre. Die Menschen glauben, dass sie dem Kind das Leben schenken – Vater und Mutter – denn es entsteht aus ihren Zellen, und das war es dann. Mütter sagen zu ihren Kindern: „Ich habe dich geboren", doch das ist nicht wahr. Die Frau gebiert nicht – das Kind kommt von selbst aus der Frau heraus. Die Eltern haben dieses Privileg, mit Gott selbst zusammenwirken zu dürfen. Sie sind sich oft nicht bewusst, wie reich sie dadurch beschenkt werden; sie verstehen den Wert der Elternschaft nicht.

Nicht die Eltern geben das Leben, sie haben nur Anteil an der Weitergabe des Lebens.

Einmal schrieb ich eine kurze Abhandlung darüber, wie man die Frage beantworten kann, die oft gestellt wird und auf die es verschiedene Antworten gibt: „Wo kommen die Kinder her?" Früher erzählte man, der Storch bringe die Kinder. Ich glaube, dass dieses Märchen über den Storch der Wahrheit näherkommt, als die Erklärungen der Herren Ärzte, Sexualwissenschaftler und Biologen. Wovon erzählt denn dieses Märchen? Es erzählt davon, dass ein Vogel die Kinder aus dem Himmel bringt, und das ist doch wirklich wahr – Kinder kommen aus dem Himmel, von Gott.

Aber es geht darum, ob der Mensch, sogar jener, der sich als gläubig bezeichnet, die Tatsache wirklich für realistisch hält, dass er von Gott selbst erschaffen wurde. Er und alle Menschen. Alle stammen von Gott ab.

Nicht genug, dass sie von Gott erschaffen sind, sie wurden auch zu unerhörter Würde erhoben – zu Kindern Gottes. Gott bekennt sich zur Vaterschaft, aber nicht nur das. Er sagt sogar, er habe sie nach seinem Abbild erschaffen. Jeder ist Gott ähnlich. Jeder Mensch erhält von Gott nicht nur das Leben, sondern ist beschenkt und ist selbst ein Geschenk. Johannes Paul II. nennt den Menschen ein Geschenk – der Mensch ist ein Geschenk, er erhält sich und sein Leben als Geschenk. Ein Geschenk ist immer unentgeltlich.

Jeder Mensch erhält von Gott fünf Gaben: die Existenz, also eine unsterbliche Seele, den Körper, das Leben und die Gestalt dieses Körpers – entweder einen männlichen oder einen weiblichen Körper – und die aus der Tatsache, dass es zwei Geschlechter gibt, resultierende Möglichkeit der potenziellen Fruchtbarkeit, denn ein Mensch allein ist nicht fruchtbar, erst als Paar. Jeder Mensch erhält diese Gaben. Und das Leben für die von Gott bemessene Zeit.

Es gilt folgender Grundsatz: Gott gibt dem Menschen das Leben auf der Erde, dann holt er ihn von dieser Erde in solch eine Ewigkeit, wie er sie verdient hat, – die Lebensgabe ist unentgeltlich, der Himmel aber ist unsere Aufgabe.

Beim ersten Weltjugendtag sprach Johannes Paul II. einen Satz aus, welcher eigentlich jedem in den Sinn kommen sollte: „Denkt daran, dass das Leben hier auf Erden ein Weg ist, nur ein Weg, nichts weiter – der Weg in den Himmel, denn der Mensch ist nicht für die Erde erschaffen, sondern für den Himmel."

Der Mensch muss akzeptieren, dass er von Gott dazu erschaffen wurde, um zu sterben und nach dem

Tod in den Himmel zu kommen. Das Menschenleben hat kein anderes Ziel. Das ist die Wahrheit über den Menschen und sein Leben, alles muss diesem Ziel dienen. Dieser Weg – das Leben – muss ein Weg in den Himmel sein. Wenn wir uns dessen bewusst sind, muss es auf die Art, wie wir unser Leben gestalten, Einfluss haben.

Der Heilige Vater nannte die Seele *den inneren Menschen* – in diesem Inneren, in dieser Beseelung ist die Ähnlichkeit mit Gott verwurzelt. Das ist ein Geschenk an alle Menschen, jeder hat eine Seele. Darin ist auch das Menschsein begründet, das ist es, was den Menschen von der materiellen Welt und der Welt der Tiere unterscheidet. Ungläubige wollen vielleicht nicht von Gott sprechen, aber jeder hat zumindest das Bewusstsein, sich von der Welt der Tiere oder der Materie zu unterscheiden.

Die Seele verfügt über drei Kräfte: den Verstand, den Willen und das Gewissen. Der Verstand sagt: Wenn das Ziel allein der Himmel ist, dann muss der Mensch das in seiner Lebensführung berücksichtigen und auch den Wunsch verspüren, in den Himmel zu kommen. Warum? Weil sich hinter dem Begriff „Himmel" auch noch der Begriff „Hölle" verbirgt, sie ist die Alternative zur Ewigkeit im Himmel. Deswegen muss man zum Buch Genesis zurückkehren und über die Erschaffung der Welt nachdenken. In der Schöpfungsgeschichte wurde nicht der Mensch als Erster erschaffen. Als Erstes erschuf Gott die reinen Seelen, die körperlosen Engel. Wir wissen nur wenig von ihnen, zum Beispiel, wie sie heißen: Michael, Gabriel, Raphael – wir wissen, dass es Chöre gibt, Erzengel und Engel. Wir wissen aber auch von der Tragödie: Ein Teil dieser Engel – erschaffen zum Lob Gottes und zum *Hosanna*-Gesang – verweigerte ihm den Gehorsam.

Schon damals offenbarte sich unter den Engeln die erste Sünde – Ungehorsam, der in der Folge zur Entstehung der Hölle führte.

So spaltete sich die Welt.

Es gibt reine Seelen– Gottes Geist mit den Chören der Engel – und der sich ihm widersetzende Anführer der aufrührerischen Engel: Luzifer, der Teufel. Das griechische Wort *diábolos* bedeutet „der Zerwürfnis stiftet".

Und die Welt ist gespalten – in Gut und Böse, Licht und Finsternis.

Wenn man Gott vermenschlicht, könnte man sagen, dass Gott von den Engeln enttäuscht war und etwas anderes erschuf – ein Geschöpf, das ihm ähnlich war. Warum?

Der Katechismus sagt: aus einem Übermaß an Liebe. Gott möchte seine von Glück erfüllte Existenz mit den Menschen teilen. Und Er erschuf der Reihe nach, wie geschrieben steht, zuerst Adam und dann Eva –gänzlich unterschiedliche Geschöpfe: Als Mann und Frau schuf er sie. Gott erschuf Adam und wusste, dass sein Werk gut war.

Einmal hat der Heilige Vater im Spaß gesagt: „Gott erschuf sein Werk Adam und dann sein Meisterwerk Eva, dann nichts mehr.“ Ende der Schöpfung. Er erschuf den Menschen.

Und dann? Der Mensch unterliegt dem, was sich bei der Schöpfung im Kosmos ereignete. Er befindet sich unter dem Einfluss der gespaltenen Seelenwelt: Gottes Welt mit den Engeln und Luzifers Welt mit den Dämonen.

Jetzt aber der Reihe nach: Gott schuf Adam und machte ihn zum Herrscher des Paradieses. Adam gehorchte Gott, ging hin und benannte Blumen, Vögel, Tiere und so weiter, und machte sich die Erde untertan. Im Buch Genesis findet sich folgender charakteristische Satz: „Es ist nicht gut, dass der Mensch allein bleibt“ (Gen 1,18). Deswegen schuf Gott Eva zu Adams Hilfe. Zur Hilfe wobei?

Nicht beschrieben wird, dass Adam vom Teufel in Versuchung geführt wurde. Es sieht so aus, als ob Adam Gott gegenüber so gehorsam gewesen wäre, dass es sich für den Teufel nicht gelohnt hätte, ihn in Versuchung zu führen, er rechnete nicht mit einem Sieg. Schon dort im Paradies hatte der Teufel einen fertigen Plan, wie er das Werk Gottes vernichten könnte. Er konnte gegen Adam nicht ankommen, denn er war rechtschaffen, Gott gehorsam. Aber er fand seinen Weg zu ihm durch Eva, welche Adam bei seiner Selbstverwirklichung als Mensch helfen sollte.

Der Heilige Vater erinnert: „Denkt daran, dass der Satan vor dem Menschen da war und einen fertigen Plan hatte, wie er die Menschheit als Werk Gottes vernichten würde. Diesen Plan setzt er um."

Interessant ist jener Teil der Beschreibung des Paradieses, in welchem die Rede von zwei Bäumen ist. Gott erlässt folgendes Gebot für Adam und Eva: Der eine ist der Baum der Erkenntnis und der andere der Baum des Lebens, diesen dürft ihr nicht berühren. Über diesen zweiten Baum steht weiter geschrieben: Zur Bewachung hat Gott einen Engel mit Flammenschwert aufgestellt.

Was zeigt sich? Eva gibt dem Teufel nach – sie lässt sich überreden. Er verspricht ihr das Blaue vom Himmel und sie ist gleich willig! Diesen Teil Evas trägt jede Frau in sich. Jede! Anstatt Adam zu helfen, vernichtet sie ihn, überredet ihn. Adam aber – der an Gott glaubt und ihm gehorcht – erweist sich als völlig machtlos Eva gegenüber. Warum?

Weil Eva ihn entzückt und er ihr ausgeliefert ist. Er wendet sich von Gott ab und der schönen Eva zu.

Das ist die Adam gestellte Falle. Von der Schönheit Evas geblendet, vergisst er Gott. Und bis in alle Ewigkeit begehen Männer dieselbe Sünde. Abermillionen Männer wenden sich von Gott ab und irgendeiner Eva zu.

Evas Geschichte wiederholt sich in jedem Zeitalter, denn den Satan wird es immer geben und Eva beginnt zu seinem Werkzeug zu werden.

Ebenso trägt jeder Mann diese männliche Schwäche in sich. Deswegen warnt Jesus Christus die Männer vor dem Blick auf Eva: „Wer eine Frau auch nur lüstern ansieht, hat in seinem Herzen schon Ehebruch mit ihr begangen“ (Mt 5,28).

Adam muss anders auf Eva schauen, nicht mit dem Begehren: „Ich will sie haben.“ Aber wie?

Viel später, nämlich 2000 Jahre später, spricht Karol Wojtyła als Papst Johannes Paul II. zu jungen Menschen in Paris, wie sie miteinander umgehen sollen. Sein ganzes Pontifikat lang lehrt er Menschen, was unter wahrer Liebe zu verstehen ist. Der Umgang basiere auf zwei Säulen: Bewunderung und Zärtlichkeit.

Adam sollte Eva bewundern. Bewunderung ist etwas ganz anderes als Begierde. Bewunderung bedeutet, der Seele Flügel zu verleihen, und Begierde ist die körperliche Reaktion; sie möchte an sich reißen, besitzen.

Adam und Eva haben gesündigt und werden aus dem Paradies vertrieben. Ihr inneres Gleichgewicht, ihre ursprüngliche Unschuld, so sagt der Heilige Vater, sei nun erschüttert, der Himmel bleibt für sie verschlossen und muss neu verdient werden. Die Sünde hat Adam und Eva den Himmel verschlossen. Er ist zu. Sie werden auf die Erde geschickt, müssen im Schweiße ihres Angesichts arbeiten und durch

Mühsal und Plage zu ihrer ursprünglichen Unschuld zurückfinden. Der Himmel ist nun eine Aufgabe; sie müssen bewusst nach Heiligkeit streben. Das ist das Los der Menschheit.

Jeder ist einerseits durch Adams und Evas Erbsünde vorbelastet, andererseits ständig der Anwesenheit des Satans ausgesetzt. Aber der von Gott erschaffene Mensch ist zur Heiligkeit berufen. Und das bewusste Streben nach Heiligkeit machte Papst Johannes Paul II. zum Programm für das neue Jahrtausend.

Der heutige Mensch begeht Sünden, die man in früheren Jahrhunderten nicht kannte. Massenhaft missachten Menschen Gottes Gebote und töten Kinder, die Gott ihnen schon geschenkt hat. Oder sie nötigen Gott und ringen ihm durch künstliche Befruchtung Kinder ab, wie in der Veterinärmedizin. Heutzutage wird der Schöpfer durch künstliche Befruchtung gänzlich verleugnet. Sünden der allerschlimmsten Art.

Im Paradies gab es den Baum der Erkenntnis. Als ich jung war, wunderte ich mich, warum Gott, der den Menschen den Verstand gab, ihnen gleichzeitig die Erkenntnis versagte. Es ist doch Wissen. Erst jetzt im Hinblick auf die moderne Medizin wird mir klar, welch verrückte Folgen die Sünde der Erkenntnis hat, wenn alles ohne Ende hinterfragt wird. Man kann nicht alles wissen wollen, denn es gibt göttliche Geheimnisse, nach welchen man nicht streben darf.

Lass besser die Finger davon! Das, was derzeit in der Medizin vor sich geht, ist ein Werk gegen die Heiligkeit der Welt, gegen den Schöpfergott.

Als ich dem Heiligen Vater von den Ergebnissen eines Ärztekongresses in Amerika erzählte und was damals gerade in der Medizin vor sich ging, sagte er, ein Mensch, der nie von Strafe gesprochen hatte, sondern von Liebe und Barmherzigkeit: „Vielleicht wird Gott diese Menschheit bestrafen müssen, denn das, was Menschen ihren Kindern antun, schreit nach einer Rache des Himmels." Einige Jahre davor hatte im Vatikan eine vom Päpstlichen Rat für Seelsorge im Gesundheitsdienst organisierte Konferenz zum Thema Fruchtbarkeit stattgefunden. Es wurde darüber berichtet, was zu diesem Zeitpunkt alles gemacht wurde und dass die WHO festgelegt hatte, es sei erlaubt, tiefgefrorene Embryonen bis zu fünf Jahre lang „zu verwenden", aber nicht darüber hinaus. Fünf Jahre lang kann man tiefgefrorene Kinder im Eisschrank aufbewahren und sie dann alle töten! Massenweise produziert man sie zur künstlichen Befruchtung, nur um die tiefgefrorenen Kinder nach einer gewissen Zeitspanne, wenn keine Transplantationsempfängerin für sie gefunden wurde, umzubringen.

Es herrscht der pure Wahnsinn in diesem sogenannten medizinischen Fortschritt – es ist ein bedauernswerter ethischer Rückschritt, denn die Medizin selbst ist dem Dienst am Leben und an der Gesundheit verpflichtet. Mittlerweile hat sie sich aber im großen Stil in den Dienst des Todes gestellt. Was jetzt passiert, übersteigt sogar den Holocaust des Zweiten Weltkriegs.

Die Enzyklika *Humanae vitae* verbietet sowohl Abtreibung als auch Verhütung kategorisch, denn beide richten sich gleichermaßen gegen das Leben. Viele können die Heiligkeit menschlichen Lebens und die Heiligkeit des göttlichen Plans nicht verstehen. Es ist nicht wahr, dass alle Menschen zur Ehe berufen sind. Es ist nicht wahr, dass alle Männer das Recht haben, Vater zu werden. Nur jene, die von Gott dazu erwählt sind.

Die Ehe ist eine Berufung für das ganze Leben und wird dadurch bestimmt, dass der Mann für immer ein Mann und die Frau für immer eine Frau ist. Ihr Zusammenwirken hat immer moralische Bedeutung – es ist entweder gut und heilig oder schlecht und sündhaft.

Jede menschliche Handlung ist gleichzeitig körperlich und seelisch, denn es gibt keinen von der Seele abgetrennten lebendigen Körper. Das heißt, jede menschliche Handlung hat einen moralischen Anteil – ist entweder gut oder schlecht. Es gibt keine dritte Möglichkeit. Es gibt nichts dazwischen – ein wenig gut, ein wenig schlecht. Etwas ist entweder gut oder schlecht.

Zur Unterscheidung befähigt dich der Verstand,

über den du verfügst. Es geht also darum, ihn einzusetzen, und zwar gut einzusetzen.

Karol Wojtyła gibt als Philosoph klare Anweisungen: Man muss ständig Entscheidungen treffen, denn Freiheit heißt, „ich kann", und nicht, „ich muss", – und diese Entscheidungen müssen von einem gut gebildeten Gewissen geleitet werden.

Jeder Mensch hat die Aufgabe, gleichermaßen Verstand, Willen und Gewissen zu entwickeln.

Erwachsen werden

Der Mensch ist nicht nur der Täter seiner Taten, er ist durch die Taten der Schöpfer seiner selbst.

Karol Wojtyła, *Person und Tat*

Gleichzeitig mit dem Körper entwickelt sich auch der Verstand, denn er ist auch eine Eigenschaft des Körpers. Daher wird ein Mensch im Alter von 50 Jahren nicht den gleichen Verstand haben wie im ersten Lebensjahr.

Der Verstand entwickelt sich unaufhörlich weiter, er ist die Summe aller Erfahrungen, und diese entstehen aus bereits getroffenen Entscheidungen. Das macht den Menschen aus. Johannes Paul II. lehrte, dass der Mensch so wird wie seine Taten. Der Philosoph sagt, der Mensch entwickelt sich: *persona humana in fieri est* – der Mensch entwickelt und entfaltet sich, befindet sich ständig im Prozess der Entwicklung. Karol Wojtyła schreibt dazu: „Die Eigenschaft der Taten geht auf den Täter über."

Am Höhepunkt der menschlichen Entwicklung steht die Heiligkeit. Dazu müssen sich Verstand, Wille und Gewissen harmonisch entwickeln. Dem Gewissen räumt der Heilige Vater in seinen diversen Reden und Schriften viel Raum ein, denn das Gewissen muss *gut ausgebildet sein.*

Eben hier ergeben sich Schwierigkeiten in der Erziehung. Erziehung sollte eine Vertiefung des Gewissens sein, bis es so ausgebildet ist, dass der Mensch Gut und Böse genau unterscheiden kann. Sonst verirrt er sich oder wird demoralisiert. Der Teufel bringt ihm nämlich absichtlich das Falsche bei und untergräbt das menschliche Gewissen. Seine Interpretation ist zwar intelligent, aber hinterlistig und perfide. Der Teufel hat unendlich viele Werkzeuge auf der Erde – unter den Menschen!

Gewissensbildung ist eine Aufgabe für das ganze Leben. Mit dem Gewissen ist es ein wenig wie mit dem Licht. Wenn man einen dunklen Raum betritt, sieht man nichts. Wenn man eine kleine Kerze anzündet, sieht man ein wenig, wenn man 100 Kerzen anzündet, sieht man viel. Das Gewissen des Menschen wird umso empfindlicher, je mehr sich seine Geisthaftigkeit entwickelt.

Körper, Psyche und Seele müssen sich entfalten.

Beim Kind haben die Eltern diese Aufgabe zu erfüllen. In der ersten Zeit seines Lebens vor allem die Mutter, die das Kind stillt.

Die Haltung Karol Wojtyłas Frauen gegenüber ist eindeutig – Bewunderung für die Weiblichkeit und Dankbarkeit für ihre Mutterschaft. Jungen Männern sagt er ruhig: „Kniet nieder vor den Frauen! Sie haben euch mit ihrem Blut genährt, unter Schmerzen geboren, mit ihrer Milch aufgezogen." Auf die Knie!

Gleichzeitig ist dieselbe Frau aber auch der Grund für den Fall Adams. Vor einiger Zeit gab es an der Katholischen Universität Lublin eine Vorlesungsreihe zum Thema: „Die Frau und der Satan". Die Frau ist immer noch ein Werkzeug des Satans auf dieser Welt. Darauf werde ich später eingehen. Jetzt möchte ich erklären, dass die drei Kräfte Verstand, Wille und Gewissen grundlegende Eigenschaften jedes Menschen sind.

Der Verstand ist die Summe aller Erfahrungen, daher ist er so schwer auszubilden. Menschen wollen alles selbst erfahren, was jedoch nicht möglich ist. Deshalb rät der Verstand, dass man nach Vorbildern suchen muss. Man kann nicht alle Erfahrungen selbst machen. Kein Mensch wird den Satz des Pythagoras überprüfen. Jeder nimmt an, dass er richtig formuliert ist, und niemand stellt ihn in Frage.

Um Weisheit zu entwickeln, benötigt jeder Mensch authentische Autoritäten. Der Gläubige muss Gottes Autorität anerkennen und Gott gibt dazu Anweisungen in den Zehn Geboten. Der Verstand sollte einem sagen, dass die Zehn Gebote Wegweiser in den Himmel sind.

Im Evangelium wird eine Begebenheit beschrieben, in der ein junger Mann zu Jesus kommt und fragt, was er tun muss, um das ewige Leben zu erlangen. Jesus sagt darauf: „Halte die Zehn Gebote ein!“ Der Mann erwidert ihm: „Das mache ich seit meiner Kindheit.“ Jesus lobt ihn, fügt aber hinzu: „Wenn du vollkommen sein willst, verkaufe deinen Besitz und gib das Geld den Armen.“ Daran scheiterte der Glaube des jungen Mannes, denn sein Besitz war zu groß und er ging traurig weg.

Vielen Menschen geht es ähnlich. Jesus Christus sagt: „Verschenkt alles!“ Sie aber besitzen so viel, manchmal einfach zu viel, sodass sie den materiellen Besitz liebgewonnen haben. Sie verwenden Autos, Motorräder, Computer und Telefone …, besitzen tausende verschiedene Gegenstände. Der Mensch ist an materielle Dinge gekettet und das Losreißen von ihnen fällt ihm schwer. Deswegen wäre es besser, sein Herz nicht allzu sehr daran zu hängen, denn jeder wird irgendwie Sklave seines Besitzes. Ich habe einmal bei einer netten Bekannten gesehen, wie viele Parfümflakons bei ihr im Bad stehen. Mir sind die Haare zu Berge gestanden. Ich habe dann noch nachgerechnet, wieviel diese Flakons und Tiegel gekostet haben …

Wenn die Menschen beginnen, materielle Dinge anzuhäufen, denken sie nicht an die Entwicklung des Verstandes, sie hören nicht auf Gott, sie leben nicht nach den Zehn Geboten.

Um es den Menschen leichter zu machen und ihnen Vorbilder zu geben, hat die Kirche verschiedene Personen heiliggesprochen. So kann sich jeder unter den außergewöhnlichen Personen denjenigen als Vorbild heraussuchen, der ihm am besten gefällt und der ihn auf seinem Heilsweg unterstützt. Das Ziel im Leben jedes Menschen ist es, heilig zu werden.

Jeder wird ein anderer Heiliger werden und man kann nicht einen Heiligen in allem nachahmen wollen, das ist unmöglich, denn jeder hat anderen Anlagen. Aber etwas an einem Heiligen gefällt vielleicht. Mir gefällt der hl. Paulus von allen Heiligen am besten. Johannes Paul II. hatte zwei Lieblingsheilige: den hl. Josef und den hl. Johannes Maria Vianney. Heilige von unglaublicher Demut.

Vorbilder sind also dazu da, dass wir das leichter umsetzen können, was wir sein sollen. Dazu dient der Verstand. Wozu dann aber der freie Wille?

Hier ist dem Menschen eine Falle gestellt, weil ihm ein freier Wille gegeben ist – der Mensch muss nicht heilig sein, er muss nicht in den Himmel kommen, er kann auch in die Hölle kommen. Gott hat ihm einen freien Willen gegeben.

Ich möchte dazu ein Beispiel anführen: Vor einigen Jahren – noch zu Lebzeiten des Heiligen Vaters – schrieb mir eine verheiratete Frau und bat mich, für ihren Ehemann zu Pater Pio zu beten. Sie war 18 Jahre verheiratet und ihr Ehemann ist nur einmal bei der Beichte gewesen, vor der Hochzeit, danach nie mehr. Sie hat für ihn gebetet und gebetet, aber Gott hat sie nicht erhört, ihr Ehemann habe sich nicht geändert. Wenn aber „Sie, Frau Półtawska, für ihn beten würden, dann würde er sicher zur Beichte gehen".

Ich zeigte dem Heiligen Vater ihren Brief und er meinte dazu: „Gott kann die Bitten dieser Frau nicht erhören, denn er respektiert den freien Willen dieses Mannes. Er muss selbst wollen."

Keine Ehefrau kann ihren Ehemann bekehren, solange er das nicht will.

Keine Mutter kann ihr Kind bekehren, solange es das nicht will.

Niemand hat Macht über einen anderen Menschen.

Natürlich kann der Heilige Geist auf ihn einwirken wie bei Saulus, als er ihn vom Pferd warf und Erleuchtung brachte. Und so machte er den hl. Paulus aus ihm. Aber das war der Heilige Geist, nicht du!

Das mit der Willensfreiheit muss man verstehen, sonst wird es schwierig: Für Menschen bedeutet Freiheit, dass sie tun und lassen können, was sie wollen. Aber das bedeutet Chaos und nicht Freiheit. Die menschliche Person besitzt Vernunft, muss also verstehen, dass immer und überall Chaos und Untergang herrschen, wenn es keinerlei Grenzen gibt. Worum geht es also hier?

Das erste Buch Karol Wojtyłas *Liebe und Verantwortung* handelt von der Menschenliebe. Das zweite hingegen *Person und Tat* ist eine Analyse, wie der Mensch beschaffen sein muss, der lieben soll. Darin definiert er Freiheit folgendermaßen: „Freiheit bedeutet nicht Unabhängigkeit. Sie bedeutet Selbst-Abhängigkeit und Abhängigkeit vom angenommenen Wertesystem."

Jeder ist frei. Wenn du aber getauft und gefirmt bist, dann bist du an die Zehn Gebote gebunden. Dann darfst du nicht stehlen, nicht lügen, nicht ehebrechen oder irgendeine andere Sünde begehen. Es ist verboten, denn du hast das ethische System der katholischen Kirche übernommen. Das ist eine bewusste, freiwillige und zielgerichtete Einschränkung des eigenen Willens. Ich möchte eindeutig zuordenbar sein, um einfach in den Himmel zu kommen.

Setze deinen gesunden Menschenverstand ein! Nach dem Tod gibt es nur zwei Möglichkeiten: Himmel oder Hölle, keine weitere! Also sei vernünftig und entscheide dich!

Entscheidest du dich für den Himmel: Den gibt es nicht umsonst, der Himmel ist eine Aufgabe. Den Himmel muss sich der Mensch verdienen. Womit? Durch sein Leben. Damit, wie er sein Leben führt.

Dazu ist das Gewissen notwendig, es sollte bestimmen, was man macht und wie. Hier kommt auch der Priester ins Spiel. Jesus Christus hat Priester erwählt, sie als seine Nachfolger eingesetzt, damit das Gewissen reingehalten werden kann. Damit der Mensch, der sündigt – aus Schwäche sündigt, aus verschiedenen Gründen sündigt –, dennoch in den Himmel kommen kann. Das ist Gottes Barmherzigkeit. Und genau hier ist der Priester unentbehrlich, was auch immer man sagen mag …

Zurzeit wird aggressiv antiklerikale Propaganda auf der Welt betrieben, in Europa und auch in Polen. In Polen ist das sehr künstlich, denn hier waren Priester immer sehr geschätzt. Journalisten erlauben sich sogar brutale Witze und Verleumdungen. Niemand reagiert darauf, man kauft es ihnen trotzdem ab. Wieviel Geld wird ausgegeben, um die Priester in den Schmutz zu ziehen! Aber wer kommt in den Himmel ohne Priester? Seid nicht so naiv!

Ihr habt nur alltägliche, kleine Sünden? Dazu kann ich sagen, was Pater Pio, der heilige Geistliche und Stigmatisierte, davon hält.

Ich lese gerne die Zeitung „Il Settimanale di Padre Pio", Pater Pios Zeitung auf Italienisch. Darin ist eine Seite dem gewidmet, was Pater Pio geschrieben hat. Unter anderem, dass man alltägliche Sünden nicht auf die leichte Schulter nehmen darf. Die Anhäufung dieser Sünden ist nämlich wie ein großer Berg, der insgesamt so schwer wie eine große Sünde wiegt, weil sie den Menschen von Gott entfernen.

Das darf man nicht unterschätzen!

Wie strikt Pater Pio das umsetzte, das bezeugt eine Frau, welche ihn als Beichtvater hatte. Diese

Frau schreibt, sie habe gebeichtet, dass sie gelogen habe, „aber das war eine kleine, unschuldige Lüge". Pater Pio erteilte ihr keine Absolution. Er trug ihr auf nachzurechnen, wie oft sie solch „unschuldige" Notlügen gebraucht hatte.

Nach ein paar Tagen kam sie wieder zu ihm und gestand, sie könne es nicht mehr sagen, denn sie erinnere sich nicht daran. „So unschuldige" Notlügen beachte sie nicht. Wenn zum Beispiel das Telefon läutet und sie ruft: „Sag, ich bin nicht da!" Eine Lüge!

Er erteilte ihr wieder keine Absolution. Als sie zum dritten Mal zu ihm kam, weinte sie und sagte, sie wisse nicht, was sie tun solle, sie könne es nicht mehr sagen, wie oft sie gelogen habe, sie erinnere sich einfach nicht daran. Pater Pio sagte darauf: „Siehst du, du hast gesagt ‚unschuldig' und weißt selbst schon nicht mehr, wann du die Wahrheit sagst. Diese Lügen sind nicht unschuldig, sie sind äußerst schädlich, weil sie dich verändern." Sünden verändern den Menschen, der Mensch wird wie seine Taten.

Seit 60 Jahren mache ich Eheberatung. Ich sage niemandem böse Absichten nach, ich habe jedoch eine Kartei, ein riesiges Archiv, das ich aufzulösen versuche, was mir aber nicht gelingt, weil es immer noch wächst. Ich sehe zum Beispiel ein gutes Mädchen, das ich kenne, und einen guten jungen Mann, den ich ebenfalls sehr gut aus der Pfarre und der Hochschulseelsorge kenne, sie heiraten. Fast täglich besuchten sie die Heilige Messe, die Ehe wurde vor dem Hochschulseelsorger geschlossen, ein vorbildliches Ehepaar. Einige Jahre später – die Scheidung.

Ein gutes, gläubiges Mädchen, ein guter, gläubiger junger Mann begehen *Ehesünden* und es endet in einer Katastrophe. Wieso?

Weil man verstehen muss, dass Gottes Plan schwierig ist. Wenn man ihn auf eigene Faust verwirklichen will, wird man scheitern. Denn bis zum Ende durchhalten und in den Himmel kommen wird nur das Ehepaar, welches ausschließlich Gottes Plan mit Gottes Hilfe ausführt, sich auf den Heiligen Geist stützt und nicht auf sich selbst und immer wieder von Neuem beginnt, die Seele reinzuhalten, damit das Gewissen empfindlicher wird. Bewusstes Streben nach Heiligkeit.

Der Heilige Vater hat dies in der Schrift *Novo Millennio ineunte* vom 6. Januar 2001 zusammengefasst, einer Pflichtlektüre für alle. Er hat darin für alle Menschen das Programm für das neue Jahrtausend festgehalten: das bewusste Streben nach Heiligkeit.

Pädagogik der Heiligkeit

Ich verwirkliche mich selbst nicht schon dadurch, dass ich eine Tat vollziehe, sondern dadurch, dass diese Tat sittlich gut ist.

Karol Wojtyła,

Die Person: Subjekt und Gemeinschaft

Johannes Paul II. nennt das Apostolische Schreiben *Novo Millennio ineunte* auch Pädagogik der Heiligkeit. Es ist vor allem Eltern und Erziehern gewidmet.

Der Heilige Vater hat auf die Rechte der Eltern besonders geachtet und dafür gekämpft, dass sie das unveräußerliche Recht zur Erziehung ihrer Kinder haben. Was aber bedeutet Erziehung?

Erziehung bedeutet die Vermittlung der Wertehierarchie. Gut erzogen ist ein Mensch, wenn er weiß, was wichtig ist, es umsetzen kann und das auf menschliche Art und Weise tut. Wir nennen das gute Umgangsformen.

Der Mensch kann sich auch unmenschlich verhalten – sowohl Männer als auch Frauen. Das Adjektiv „menschlich“ bezieht sich auf jene, die eine Seele haben; menschliches Handeln heißt also Handeln aus Nächstenliebe. Die Menschenwürde verlangt, dass wir andere nur so behandeln.

Hier ist die erste Aufgabe von Erziehung, die Jesus Christus stellt: „Liebt einander, liebt eure Feinde!“ Das ist eine Erziehungsmaßnahme sich selbst gegenüber. Grundsätzlich sollte Erziehung zur Selbsterziehung führen. Genau hier liegt die größte Verantwortung der Eltern und ebenso der Lehrer, weil alle, die mit Minderjährigen zu tun haben, dafür verantwortlich sind, was sie ihnen beibringen. Der Mensch wächst auf Grundlage dessen, was er nach und nach erkennt. Was aber zeigen Erwachsene dem Kind von Anfang an?

Voller Empörung habe ich heute bei der Heiligen Messe beobachtet, wie sich Eltern ihren Kindern gegenüber verhalten. In der Kirche versammelte sich eine Gruppe praktizierender Katholiken. Aber da war kein einziger Vater, der sein Kind auf den Arm genommen hätte und ihm die ganze Heilige Messe hindurch erklärt hätte, was passiert.

Ihr erlaubt den Kindern herumzulaufen. Warum? Wozu? Das Kind muss wissen, was während der Heiligen Messe vor sich geht. Der Vater sollte das Kind auf den Arm nehmen, damit es sich nicht auf Kniehöhe befindet, sondern zum Altar sieht, und ihm sagen: „Schau, jetzt hält der Priester den Kelch hoch, weißt du, was das ist? Dort ist Gott, das ist Jesus.“

In Posen gibt es einen Kindergarten, in dem Kinder früher zur Erstkommunion gehen dürfen; da gehen bereits Fünfjährige hin. Ein dreijähriges Kind weiß genau, dass Gott dort ist, und versteht es auf seine eigene Weise. Kinder spüren intuitiv, dass es auch eine geistige Sphäre gibt, aber sie werden einfach vernachlässigt.

Was hat das Mädchen vor mir, das übrigens während der Messe getauft wurde, gelernt? Ihre Eltern blieben während der Wandlung sitzen und knieten gar nicht hin, sie lief nach hinten, wo alle Mädchen herumsausten. Auch der nette, brave Junge, der mit seinem Vater da war, wusste nicht, was vor sich ging, denn er stand mit dem Rücken zum Priester.

Erstens muss ein Kind in der Kirche vorne stehen, damit es zum Altar sieht. Die Erwachsenen sind jedoch bereits zufrieden, wenn das Kind nicht schreit, sondern sich ruhig verhält. Sie geben ihm zu diesem Zweck ein Spielzeug, ein Auto, und es läuft herum, sitzt mit dem Rücken zum Altar, weil es das nicht besser weiß. Das Kind könnte dies jedoch sehr gut verstehen.

Warum soll der Vater das Kind auf den Arm nehmen und nicht die Mutter? Die Wertevermittlung ist Aufgabe des Vaters. Die Mutter behütet, der Vater erzieht, denn der Vater muss die Richtung vorgeben. Der Heilige Vater baute auf die Männer.

In der Schrift *Novo Millennio ineunte* ist die Rede davon, wie Erziehung und Wertevermittlung aussehen sollen. Der Heilige Vater verwendet hier eine poetische Formulierung – er spricht von *mysterium lunae* – dem Geheimnis des Mondes. Der Mond hat weder eigenes Licht noch Wärme. Er spiegelt wider, was die Sonne aussendet. Der Heilige Vater vergleicht Gott mit der Sonne.

Ein guter Erzieher ist man nur dann, wenn man dem Kind zeigt, was die Sonne – also Jesus Christus – gibt. Deshalb muss man prüfen, ob das, was Theologen, Soziologen oder Psychologen als ihre Erziehungstheorie verkünden, mit Gottes Botschaft übereinstimmt.

Karol Wojtyła war bekannt dafür, dass er nie Ratschläge erteilte wie: „Du sollst dies oder das tun." Er sagte nur: „Lass uns sehen, was Gott dazu denkt", und suchte nach Antworten in der Heiligen Schrift – in der Offenbarung.

Der Vater soll zu seinem Kind nicht sagen: „Weil ich das so will", „Meiner Meinung nach", sondern: „Gott lehrt uns das so", „Jesus sagt das so im Evangelium", „'Lüge nicht!' ist nicht mein Gedanke, sondern Gottes Gedanke". Der Mensch soll makellos sein, er darf nicht lügen. Aber wie oft befiehlt der Vater dem Kind: „Du musst das machen, weil ich das so will."

Das Bild des Mondes kann nur auf Basis der Demut verstanden werden. Es geht nicht darum, was der Mensch denkt. Das ist überhaupt nicht das Wichtigste und es ist auch gar nicht sicher, dass er Recht hat. Wichtig ist nur das, was uns Gott in dieser Sache lehrt.

Ich kenne das gut aus der Eheberatung. Immer streiten zwei, wer von beiden Recht hat. Ich sage zu ihnen: „Löst euch von dem Gedanken, wer Recht hat. Überlegt lieber, was Gott von dieser Sache denkt, nicht ihr."

Auf alle Fragen gibt Gott Antwort und die Kirche zeigt uns den Weg.

Es geht also nicht um das eigene Wissen, die eigenen Ideen, die eigene Art, man muss herausfinden, was Gott lehrt. Und Gott zeigt eine ganz andere Denkweise als der Mensch – eine göttliche. Uns schockieren natürlich die Worte: „Wenn dich einer auf die eine Wange schlägt, dann halte ihm auch die andere hin." Der Mensch möchte doch zurückschlagen. „Dem, der dir den Mantel wegnimmt, lass auch das Hemd" – „Und wenn dich einer zwingen will, eine Meile mit ihm zu gehen, dann gehe zwei mit ihm" … (Mt 5,41).

Man muss lernen, wie Gott zu denken. Der Mensch muss von Anfang an lernen, nicht das zu tun, was er will, sondern was er tun sollte. Das ist eine Frage der Pflicht und der Verantwortung.

Verpflichtung ist die Stimme des Gewissens, das befiehlt, dass du das tun musst. Aber das Gewissen kann man gänzlich betäuben. Daher ist Wissen nötig, das Erwachsene zu vermitteln haben und den Kindern so beibringen müssen, dass sie es verstehen können.

Das ist das Schwierigste in der Erziehung, und zwar aus dem einfachen Grund, weil Erziehung nicht aus gesprochenem Wort, sondern aus Vorgelebtem und Zeugnis besteht.

Die katholische Kirche braucht keine Diskussionen, sondern Zeugen. Der Heilige Vater fragte die Menschen nicht: „Glaubst du oder glaubst du nicht?“ Er wollte die Atheisten nicht davon überzeugen, dass es Gott gibt. Er kniete nieder und betete stundenlang. Und sie sahen, dass er mit Gott sprach.

Mutter und Vater können Werte nur unter einer Bedingung vermitteln – sie müssen diese vorleben. Wenn das nur mit Worten geschieht, stößt es oft auf taube Ohren. Ein Kind nimmt Worte nicht auf – es merkt sie sich, wiederholt sie, beschäftigt sich aber nicht mit ihnen. Wenn sich diese Worte noch dazu oft wiederholen, nehmen Kinder sie nicht mehr ernst. Den Worten müssen Taten folgen, die den Worten Nachdruck verleihen.

Man muss Kindern gegenüber nicht hundertmal etwas wiederholen, denn Worte verlieren ihr Gewicht. Zum Beispiel sollte die Mutter dem Kind nur einmal sagen, dass es etwas machen soll. Wenn es das Kind nicht macht, sollte der Vater dazukommen und sagen: „Mein Sohn, meine Tochter – hast du gehört? Mutter hat etwas zu dir gesagt.“

Einmal kam eine Frau mit ihrem Kind in die Beratungsstelle und behauptete, es sei taub. Es war nicht taub, es hörte nur nicht, was seine Mutter sagte, denn diese wiederholte alles hunderte Male. Überhaupt verwenden wir zu viele Worte. Denkt daran, für jedes Wort muss beim Jüngsten Gericht Rechenschaft abgelegt werden!

Erziehung gelingt dann, wenn Vater und Mutter wahre, echte Liebe füreinander empfinden und die Kinder das erleben. Mehr ist nicht notwendig.

Wahre, echte Liebe ist eine menschliche Leistung, weil die eheliche Liebe die schwierigste Aufgabe im Menschenleben ist.

Der Heilige Vater hat immer wieder gesagt: „Lernt einander lieben!" Besonders junge Ehepaare tun sich schwer, Eltern zu werden. Mann und Frau können nicht von einem Tag auf den anderen Vater oder Mutter werden, ja, sie können nicht einmal einander lieben. Ob sie dies lernen, ob sie es miteinander aushalten, zeigt sich erst bei ihrem Tod.

Natürlich machen junge Menschen Erziehungsfehler. Das lässt sich nicht vermeiden, sie sind ja keine Heiligen, nur die Mutter Gottes war makellos. Alle anderen sündigen.

Wichtig ist, wie Eltern und Erzieher mit ihren eigenen Fehlern umgehen.

Ich bin davon überzeugt und weiß es aus eigener Erfahrung: Man muss, bevor man mit der Erziehung von Kindern beginnt, zuerst ihre Eltern und Lehrer erziehen. Eigentlich ist in der Familie das Kind der erste Erzieher, denn ein Kind erzwingt ein bestimmtes Verhalten seitens der Eltern. Wegen des Kindes müssen sie sich einschränken. Wegen des Kindes hört der vernünftige Vater auf zu fluchen, damit es das Kind nicht nachmacht – denn Kinder wiederholen sofort alles.

Was auch immer man von einem Kind verlangt, man muss wissen, dass man von ihm nicht mehr als von einem Erwachsenen verlangen kann. Zuerst muss man es von sich selbst verlangen. Deswegen sind Paare, die nur ein Kind haben, schlecht erzogen. Wenn sie zehn Kinder haben, werden sie von ihnen ausgezeichnet erzogen. Durch das Kind wird er zum Vater und sie zur Mutter – ohne Kind würde dies nicht passieren. Die Anwesenheit des Kindes erzwingt, dass sich die Eltern wie Vater und Mutter benehmen.

Wir wünschen uns, dass das Kind nachahmt, also muss es ein Vorbild geben. Kinder werden immer ihre Eltern nachahmen. Deswegen sind sie immer verantwortlich dafür, was sie durch ihr Verhalten vorleben.

Ich habe ein Archiv aus 60 Jahren Arbeit und weiß, was mit vielen Kindern passiert ist bis zu ihrem Tod, – denn manche meiner Patienten sind schon gestorben. Ich kenne Lebensläufe wie: Mit 14 Jahren hasst ein Junge seinen Vater, weil er trinkt, 20 Jahre später ist er genauso ein Trinker wie sein Vater.

Vorwürfe an die junge Generation, dass sie schwierig ist, sind Vorwürfe an die Erwachsenen, denn woher kommen diese Kinder? Aus solch „schwierigen" Verhältnissen mit solchen Vätern, solchen Müttern, denn Kinder ahmen nach – bewusst und unbewusst.

Für das Ehepaar ist daher oberstes Gebot, ein guter Vater bzw. eine gute Mutter zu sein und gleichzeitig einander ein guter Ehemann und eine gute Ehefrau. Das Ehepaar muss eine Transformation durchlaufen – aus Ehefrau und Ehemann werden Mutter und Vater. Diese Transformation findet sehr selten statt. Sie entsteht nicht automatisch, sondern erfordert Anstrengungen. Es kommt vor, dass eine Frau eine gute Mutter wird, aber aufhört, eine gute Ehefrau zu sein. Ich kenne das aus meiner Beratung. Sie beschäftigt sich mit den Kindern, ist eine gute Mutter – der Ehemann bestätigt das, sagt aber, dass sie keine gute Ehefrau mehr ist.

Was heißt das – ein guter Ehemann, eine gute Ehefrau zu sein?

Es bedeutet anzuerkennen, dass es die Aufgabe des Mannes ist, seine Frau und sich in den Himmel zu führen. Und sie hat die gleiche Aufgabe ihm gegenüber. Sie haben einander gegenseitig auf dem Weg zur Erlösung zu unterstützen.

Stattdessen kritisieren sie sich nur gegenseitig. Kritik ist keine Erziehungsmethode, sie ändert nichts, weckt aber Aggressionen. Darüber hinaus sagt Jesus Christus: „Richtet nicht!“ Man darf weder Kinder noch Erwachsene richten. Eine Situation zu analysieren und einzuschätzen ist etwas anderes, als einen Menschen zu beurteilen.

Manchmal sage ich den Lehrern in der Schule, wenn sie einem Kind in Mathematik die schlechteste Note geben, dürften sie nicht gleichzeitig zu ihm sagen, dass es dumm sei, sondern dass es etwas nicht so gut kann, wie sie das gerne hätten. Ansonsten kann das Kind sehr intelligent sein, hat aber eben genau das nicht gelernt.

Oft haben Erwachsene Vorurteile: „Das Kind hat einmal gelogen, es wird immer lügen.“

Ja, das Kind hat einmal gelogen. Aber warum hat es gelogen? Es ahmt Erwachsene nach, Vater und Mutter, weil sie lügen.

Eltern müssen ihre Kinder bewusst erziehen. Und das ist das Programm für das neue Jahrtausend. So schreibt der Heilige Vater in *Novo Millennio ineunte*, dass alle Menschen bewusst nach Heiligkeit zu streben haben. Bewusst!

Während der Zeit des Kriegsrechts in Polen (1981-1983) kam eine Abordnung der „Solidarność“ aus Danzig mit der Frage zum Heiligen Vater: „Wie sollen wir weitermachen?“ Er antwortete mit einem Satz, den ich für alle wiederhole, ein Satz für alle Menschen, alle Zeiten, alle Rassen: „Jeder von uns soll bei sich selbst beginnen, das Gute zu vermehren, dann wird das Volk besser.“

Ein Vater ist dann ein guter Erzieher, wenn er sich von Beichte zu Beichte bemüht, besser zu werden, und bewusst nach Heiligkeit strebt. Die Mutter ebenso. Wenn sie dies nicht tun, nicht versuchen, besser zu werden, kommt bei ihren Erziehungshandlungen nichts heraus. Sie werden dem Kind kein Vorbild sein. Kinder beobachten nämlich genau und entdecken die Fehler der Eltern.

Wenn ein Kind Fehler der Eltern entdeckt, muss es auch von Mutter und Vater hören: „Jetzt gehe ich zur Beichte, denn ich muss besser werden."

Die eigenen Fehler muss man entdecken und sie ausmerzen, nicht sagen, es ginge nicht anders. Dies verlangt bewusste Reflexion, erfordert Anstrengung – aber auch Zeit und Geduld.

In *Novo Millennio ineunte* warnt der Heilige Vater vor der Gefahr des „Machens um des Machens willen". Derzeit steigt der Lebensstandard in der Gesellschaft. Menschen wollen immer mehr haben, immer mehr Geld verdienen, denn sie wollen immer mehr besitzen, aber ihre Zeit ist begrenzt. Kein Tag hat mehr als 24 Stunden. 24 Stunden! Mehr aber nicht.

Vor kurzem habe ich mit einer jungen Ärztin gesprochen. Sie ist Mutter zweier Jungen, einer ist fünf Jahre alt, der andere sechs Monate. Sie meinte: „Frau Doktor, diese Woche habe ich meinen Mann überhaupt nicht gesehen, nicht einmal eine Minute." Ihr Mann ist Arzt. Am Vormittag ist er im Krankenhaus, am Nachmittag in der privaten Praxis, am Wochenende fährt er als Kardiologe zum Bereitschaftsdienst 200 km entfernt, verbringt dort Samstag und Sonntag. Am Montag fährt er von dort direkt wieder zur Arbeit.

„Was soll ich tun?", fragt sie.

„Richte ihm einen schönen Gruß von mir aus und sage, dass du zwei Halbwaisen hast."

Sie rief mich an und sagte, dass es funktioniert habe, dass er sehr erstaunt gewesen wäre, aber doch am Überlegen sei. Darauf rief ich ihn an und fragte:

„Mensch, was machst du nur?"

„Ganz einfach, ich baue ein Haus."

„Kommt dir nicht in den Sinn, dass deine Frau weg ist, bevor das Haus fertig ist? Denn euch verbindet nichts, es gibt bei euch nicht das, was Johannes Paul II. *communio personarum* nennt. Ihr habt beide Schwierigkeiten mit der eigenen inneren Entwicklung und dem Entwickeln eurer Liebe."

Über die Spiritualität der Ehe spricht man kaum. Wenn man über die Tugend der Reinheit vor der Ehe spricht, denkt man an Jungfräulichkeit. Wenn man aber über Reinheit in der Ehe spricht, weiß keiner, was das bedeutet. Ehepaare leben manchmal jahrelang in Todsünde – sie verwenden Verhütungsmittel, Präservative oder die Antibabypille, jahrelang, obwohl sie es zwischendurch beichten.

In einer Diözese hatte ich ein Treffen mit Priestern – die jüngsten waren drei Jahre im Amt – zum

Thema Beichte in der Ehe. Ich lenkte ihre Aufmerksamkeit darauf, dass es festzustellen gilt, ob es seit der vorherigen Beichte eine positive Veränderung gibt. Denn aus meiner Beratung weiß ich, dass zum Beispiel Ehepaare zehn Jahre lang verhüten, aber dennoch zur Kirche gehen, die heilige Kommunion empfangen und sich nichts verändert. Sie haben ein falsch gebildetes Gewissen. Manchmal behaupten sie sogar, es gehe nicht anders, und hoffen, dass der Priester vielleicht darauf sagt: „Naja, wenn es nicht anders geht …"

Das Gewissen zu bilden ist eine schwierige Aufgabe. Man muss das Gewissen empfindlich machen und eigene Fehler wahrnehmen. Das ist so wie mit einem Licht, das immer heller scheint und immer deutlicher zeigt, dass in den Ecken noch Staub liegt, was vorher nicht zu sehen war.

Wie aber machen Menschen ihre Gewissenserforschung?

Ab und zu kommt eine Frau in meine Beratung und erzählt sehr lange über ihre Eheprobleme, wenn aber ihr Mann kommt, sagt er: „Frau Doktor, ich weiß nicht, was sie immer hat, es gibt überhaupt keine Probleme!" Was will sie nur? Sie ist überempfindlich, aber nicht ihr Gewissen, sondern ihre Psyche schaut auf unwichtige Details, nicht auf das Wesentliche.

Für eine gute Gewissensbildung benötigt jeder Mensch Unterstützung. Am besten geht das, wenn man einen ständigen Beichtvater, einen geistlichen Vater hat. Das wäre das Optimale. Ich hatte mein ganzes Leben hindurch einen ständigen Beichtvater. Ich war zehn Jahre lang in derselben Schule und hatte immer denselben Katecheten, einen heiligen und weisen Priester. Seine Ratschläge wiederhole ich noch immer allen Menschen gegenüber, denn das sind Lebensweisheiten.

Jemand muss den Menschen helfen, objektiv auf sich selbst zu schauen, denn ohne Hilfe sieht man sich selbst nicht. Das ist ein Kampf um Demut.

Ich bin auf Jugendliche spezialisiert, aber diese haben mich zu den Eltern und in Schulen geführt, denn junge Leute verbringen den halben Tag in der Schule und den Rest zu Hause. Als junge Ärztin habe ich sehr schnell begriffen, dass bei Ehekonflikten weder Medizin noch ein Therapeut helfen kann, auch keine psychologische Beratung. Ich organisierte eine Blockveranstaltung am Wochenende, Samstagabend und Sonntag. Ich lud etwa 20 Ehepaare ein, die sich bis aufs Messer stritten, und einen Priester, den späteren Papst. Der Priester sagte zu ihnen: „Beginnt mit einem kleinen Schritt, zerstört nichts im anderen, sondern kniet hin und jeder von euch soll sagen: ‚Meine Schuld.' Solange ihr sagt: ‚Deine Schuld', gibt es keinen Ausweg mehr, weil der Ausweg nur über die Demut erfolgen kann."

Demut – schau, wer du bist.

Im Evangelium heißt es: „Warum siehst du den Splitter im Auge des Bruders, aber den Balken in deinem Auge bemerkst du nicht?“ (Mt 7,3) Du siehst nicht objektiv – bemühe dich, dich selbst objektiv zu betrachten. Dein Beichtvater hilft dir dabei.

Durch die Beichte werden Sünden vergeben, der Priester kennt aber nur die Sünden des Menschen, die Person kennt er nicht. Wenn nun aber der selbe Priester einige Zeit lang einem Menschen die Beichte abnimmt und jedes Mal sieht, wie es ihm geht, lernt er manchmal die Eigenschaften dieser Person besser kennen und kann mitunter besser helfen, den Blick auf die Schwierigkeiten dieser Person zu lenken. Der eine ist zu faul, ein anderer gerät schnell in Rage – jeder hat andere Schwächen. Ein zufällig ausgewählter Priester ist bei der Beichte darauf angewiesen, was ihm der Beichtende erzählt, weil er ihn nicht kennt.

Nicht alle Priester haben das Talent wie Pater Pio, der die Fähigkeit besaß, in die Seele der Menschen hineinzuschauen und manchen Menschen, die er vorher nicht kannte, die von ihnen verschwiegenen Sünden aufzuzählen. Manchmal hat das hart getroffen, wenn er im Beichtstuhl sagte: „Verschwinde, gehe und bessere dich, dann komm wieder!“ Er verstand es, in der Seele der Menschen zu lesen.

Ich rate allen Ehepaaren zu einem ständigen Beichtvater. Ich glaube nicht, dass ein Ehepaar ohne priesterliche Hilfe in den Himmel kommen kann.

Die eheliche Liebe ist nämlich die schwierigste Form der Liebe.

Liebe als Aufgabe

Der Zwiespalt zwischen dem, was von der Liebe greifbar, und dem, was ihr Geheimnis ist, – er ist der Grund des Dramas. Eines der schmerzlichsten menschlicher Existenz.

Karol Wojtyła, *Der Laden des Goldschmieds*

Liebe … Es gibt oft eine falsche Vorstellung von Liebe. Die moderne Welt hat dafür folgende Definition: „Der Akt der körperlichen Vereinigung, das ist Liebe.“ Zu mir kommen Ehepaare mit der Bemerkung:

„Wir haben uns in dieser Woche noch nicht geliebt.“

Ich sage darauf:

„Was ist nur mit euch los, seid ihr übergeschnappt? Ihr habt fünf Jahre nach der Hochzeit aufgehört, einander zu lieben?“

„Aber nein, nein, nicht doch!“

„Was nennt ihr denn Liebe? Etwa ‚wir haben uns ein wenig ineinander verliebt‘? Ihr müsst einander

Tag und Nacht lieben, immer, während der ganzen Zeit eurer Ehe hindurch."

Bitte denkt daran: Vereinigte Organe sind noch kein Ausdruck von Liebe. Sie sind ein Zeichen der Elternschaft, ein Zeichen dafür, dass der Mensch einen Körper hat, weil das Kind auch einen Körper haben muss. Das bedeutet aber nicht unbedingt Liebe. Menschen machen das ohne jede Liebe. Männer kaufen es sich für Geld. Liebe findet in der Seele statt, nicht im Körper. Bezeichnet nicht alles X-beliebige als Liebe!

Ich wiederhole, was der Heilige Vater zu den jungen Menschen sagte, mit denen er so viele Jahre bergwandern ging. Als sie sich näher kennenlernten, kamen sie zu ihm und sagten: „Vater, wir lieben einander." (original „Wujku" wörtl. „Onkel". So nannten die jungen Leute Karol Wojtyła). Er sagte immer darauf: „Sagt das nicht! Sagt das niemals! Sagt es anders: ‚Wir haben an der göttlichen Liebe teil', denn wenn ihr nicht an der göttlichen Liebe teilhabt, ist es keine Liebe." Er lehrte sie *bell'amore,* die schöne Liebe. Er ist der Einzige für sie, sie ist die Einzige für ihn, sie verlieben sich jeweils in des anderen Seele, entwickeln ein gemeinsames Wertesystem und finden heraus, dass sie eine gottgewollte Berufung haben. Danach binden sie sich mit Gott aneinander und sind ein Ehepaar, das eine Schar Kinder in den Himmel führt.

Das ist Gottes Plan.

Die Rolle des Mannes dabei ist es, diese Familie anzuführen.

Heutzutage werden Ehen grundsätzlich „aus Liebe“ geschlossen. Es gibt keinen anderen Grund als: „Wir lieben einander.“ Früher war es so, dass die Eltern festlegten, wen der Sohn oder die Tochter heiraten durfte. Besonders wenn Grundstücke benachbart waren, haben die Eltern die Zukunft der Kinder geplant.

Aber in der heutigen Zeit ist das Gefühl „Wir lieben einander“ die größte Illusion, der die Menschen erliegen, denn am Anfang ist das gar keine Liebe. Es ist nur ein Verliebtsein, also eine egoistische Form angenehmen Erlebens, denn bei dieser anderen Person „fühle ich mich so wohl“, „ich fühle mich so gut bei diesem Mädchen, sie gefällt mir so gut“, „ich fühle mich so wohl bei diesem Jungen“.

Das ist noch keine Liebe, das ist nur eine Form von egoistischer Annehmlichkeit, ein angenehmer Zustand, „es geht mir gut“. Ein Junge und ein Mädchen treffen sich, tauschen zärtliche Gesten aus, sehr oft auch mehr, es kommt zu vorehelichem Geschlechtsverkehr, weil sie die Bedeutung des Körpers nicht richtig einschätzen können, sie nennen es „Liebe“ – das reicht ihnen zur Entscheidung „wir wollen zusammen sein, wir heiraten“. Sie machen einen Termin fix … und erleben ein großes „Fest“.

Vor kurzem habe ich von einer Hochzeit gehört: 600 Gäste bei der Trauung, 300 Gäste bei der Hochzeitsfeier. Ein Großaufgebot.

Die Ehe sollte jedoch ein Sakrament sein, geschlossen vor Gott allein – es ist keine Menschenmenge nötig, nur die Trauzeugen und die nahen Familienangehörigen. Das ist ja keine Leistungsschau. Übrigens: Eineinhalb Jahre nach dieser Hochzeit mit 300 Gästen wollte sie „die Ehe annullieren lassen".

Die jungen Leute heiraten kirchlich, weil sie gläubig sind, sind sich aber im Allgemeinen in diesem Augenblick nicht bewusst, wie wichtig das Eheversprechen ist. Sie heiraten und wollen zusammenbleiben, denken aber überhaupt nicht an Kinder. Der Priester fragt ja bei der Eheschließung nicht: „Wollt ihr Eltern werden?", sondern nur: „Nehmt ihr die Nachkommen an, die Gott euch schenken will?"

Sie geloben einander gegenseitige Treue. Aber es kommt ihnen nicht in den Sinn, dass der Treueschwur sexuelle Enthaltsamkeit bedeutet, nicht Sex. Wenn wir nicht miteinander sexuell aktiv sein können, weil wir zum Beispiel getrennt sind oder es ein Hindernis gibt, dann können wir auch enthaltsam sein.

Der Treueschwur bedeutet, diese körperlichen Reaktionen zu beherrschen, das ist eine Frage der Disziplin. Wenn junge Menschen heiraten, denken sie darüber nicht nach. Sie schwören einander ewige Treue, denken aber: „Wir probieren, wie es uns miteinander geht, schauen wir mal." Es ist eine falsche Einstellung, mit der sie sich für eine Ehe entscheiden.

So kommt es vor, dass sie nach der Hochzeit aus

der Kirche kommen und nicht daran denken, dass nun die Phase der vorehelichen Liebe, dieser Verliebtheit, zu Ende ist. Es ist ein Neuanfang, eine neue Phase, ein neuer Abschnitt.

Sie aber kommen aus der Kirche in der Überzeugung, einander zu lieben. Es war aber nur Verliebtheit, sie beginnen nun ein gemeinsames Leben und es wird sich herausstellen, wie sie wirklich sind. Vorher haben sie dies gar nicht so gesehen, sie hatten nicht die Gelegenheit, gewisse Alltagssituationen auszuprobieren. Wenn sie ehrlich waren und nicht miteinander geschlafen haben, dann weiß sie zum Beispiel nicht, dass er schnarcht. Sie merkt es erst jetzt usw.

Sie lernen einander kennen und was passiert? Sie beginnen einander Vorwürfe zu machen. Sie sagt: „Er hat vorgegeben, gut zu sein, doch so ist er gar nicht." Sie beschuldigen einander zu Unrecht, denn sie haben nichts vorgegeben – weder er noch sie, sie waren auf der Gefühlsebene voneinander so fasziniert, dass sie nur gesehen haben, was sie sehen wollten, sonst nichts.

Jetzt erleben sie verschiedene Situationen, die das und jenes enthüllen, und noch mehr – Die jungen Menschen können einander nicht annehmen, weil die eheliche Liebe nicht existiert.

Die eheliche Liebe muss anders sein. Es ist nicht mehr so: „Ich fühle mich gut bei jemandem", es muss lauten: „Ich gebe alles." Eine alles verzehrende Liebe. „Ich schenke dir meinen Körper, all meine Gefühle und verbinde mich im Geist mit dir." Das ist eheliche Liebe.

Wenn Kinder auf die Welt kommen, ändert sich dies. Sie liebt die Kinder, denn sie verspürt die Freude der Mutterschaft. Das Kind lächelt die Mutter an, streckt die Arme nach ihr aus. Das Kind steht an erster Stelle. Wie oft sagen Frauen in der Beratungsstelle: „meine Tochter", anstatt „unsere Tochter". Manchmal sage ich: „Danke deinem Mann für diese Tochter." Sie aber: „Wofür soll ich danken?! Ich habe sie unter Schmerzen zur Welt gebracht."

Und jetzt benehmen sich beide Elternteile wie Staatsanwälte. Beide halten Ausschau nach Fehlern beim Anderen, stempeln einander ab. So eine Situation begünstigt Ehebruch, denn zu Hause kritisiert die Ehefrau zum Beispiel alles, was der Ehemann macht, seine Sekretärin im Büro hingegen betet ihn an. Wenn aber zu Hause der Ehemann seiner Ehefrau vorwirft, wie schlecht sie alles mache, wird sie vielleicht an der Arbeitsstelle recht gelobt, erhält Prämien, ist die Beste und fühlt sich wertgeschätzt.

Beide stellen nun die Frage: „Wozu soll ich lieben?" In der Liebe gibt es kein „Wozu", sie ist kein Geschäft: „Wieviel kostet es?" Liebe ist ein Geschenk – sie gibt, sie nimmt nicht.

Karol Wojtyła schaute auf die Jugend und schrieb ein positives Werk über die Liebe mit dem Titel *Liebe und Verantwortung*. Vor allem muss Liebe gänzlich selbstlos sein und total altruistisch. Ich behalte nichts für mich allein, ich gebe alles, so wie das der Apostel Paulus im 1. Brief an die Korinther schreibt. Es ist wert, das als „Rezept“ für die Liebe zu nehmen.

Zweitens – so sagt Johannes Paul II. – muss die Liebe gerecht sein. Sie darf niemandem schaden, weder dem Mann noch der Frau oder dem Kind, niemandem.

Und drittens – das hat der Heilige Vater oftmals betont – muss sie hohe Ansprüche stellen. Hier wird es wieder holprig, ja klar, Ansprüche, aber welche? Der Mann sagt: „Es wäre alles gut, wenn sie sich ändern würde.“ Sie sagt dasselbe über ihn.

Der Mensch soll Ansprüche stellen, aber an sich selber, nicht an den anderen. Ansprüche an jemand anderen enden immer in einer Katastrophe, denn niemand hat Macht über einen anderen. Aber jeder kann sich selbst ändern.

Stellen wir uns einen Mann und eine Frau vor – so wie fünf und fünf zehn ergibt. Wenn sich nur ein Element ändert, ändert sich das ganze System. – Wenn nur einer von ihnen daran denkt, dass er nach Heiligkeit streben soll, und dies auch wirklich tut – egal ob er oder sie –, ist das Ehepaar gerettet. Aber sie müssen sich dafür entscheiden, dass jeder sagt: „Ich muss mich selbst ändern.“

Es gab einmal einen Konflikt zwischen einer Schwiegermutter und ihrem Schwiegersohn. Die Schwiegermutter war bereits seit einigen Jahren Witwe. Ihre Tochter, ein Einzelkind, heiratete und gebar eine Tochter. Die Schwiegermutter fuhr zu dem jungen Ehepaar und es kam zu Streitereien zwischen ihr und dem Schwiegersohn. Die Tochter sagte zu ihr: „Mutter, ich möchte meine Ehe retten, bitte geh!“ Sie fuhr weg. Das junge Ehepaar hat verstanden, dass es an seiner echten Liebe zu arbeiten hat – also an einem geistigen „Wir“.

Dann kam ein zweites Kind zur Welt. Die Schwiegermutter kam mit der Frage zu mir, was sie tun solle, ob sie zur Tochter fahren solle? Ich antwortete ihr: „Sie können hinfahren, aber sie müssen ihre Einstellung ändern. Sie dürfen es nicht zum Streit mit ihrem Schwiegersohn kommen lassen.“

Was zeigte sich? Diese überfürsorgliche Frau fuhr zu Weihnachten hin. Als sie zurückkam, erzählte sie, dass sie ihre Fehler ausgemerzt habe, denn sie habe aufgehört, ihn zu kritisieren.

Kritik führt häufig zu Konflikten, denn für gewöhnlich reagieren Menschen aggressiv auf Kritik.

Auf harte Worte folgen noch härtere.

Auf einen Schrei ein noch lauterer Schrei.

Aber es gibt einen Ausweg.

Den kannte mein Freund, Pater Tadeusz Fedorowicz, ein heiliger Priester aus Lemberg. Er fuhr freiwillig nach Sibirien und war die ganze Besatzungszeit über dort. Ich hatte das Glück, ihn nach meiner Rückkehr aus dem Konzentrationslager kennenzulernen. Er wurde zu einem guten Freund und blieb es bis zu seinem Tod. Wie Karol Wojtyła ging er mit jungen Menschen in die Berge, die Bieszczady, mehr als 20 Jahre lang. Die jungen Menschen wuchsen heran und wurden zu jungen Ehepaaren, die bei Pater Tadeusz Rat suchten.

Einmal war ich dabei, als sich Pater Tadeusz mit einer jungen Frau unterhielt. Sie war Mutter zweier Kinder und stritt sich mit ihrem Ehemann. Sie wollten sich schon scheiden lassen. Pater Tadeusz sagte:

„Hör mal, ich gebe dir einen Rat, einen einzigen. Sag zu ihm: 'Jan, du bist mein Ein und Alles, du hast Recht.'"

„Aber er hat nicht Recht!"

„Aber was schadet es dir, wenn du ihm sagst, dass er Recht hat?"

Tadellos, diese Methode, erprobt!

Ehepartner tun sich oft schwer, einander gegenseitig so zu akzeptieren, wie sie sind. Eheliche Liebe muss geduldig sein, nachsichtig (sie vergibt alles, verlangt nichts, sucht nicht ihren Vorteil) und alles verzehrend. Sie ist das Schwierigste auf der Welt, deswegen brauchen Ehepaare viel Unterstützung durch den Heiligen Geist und den hl. Josef. Alle Heiligen können bei dieser schwierigen Aufgabe helfen.

Man muss auch über die Gnade des Ehestandes verfügen – das Sakrament der Ehe, denn ohne Gott kann man keine heilige Ehe führen.

Als Kardinal Karol Wojtyła Papst wurde, berief er sehr rasch eine Bischofssynode zum Thema „Die christliche Familie" ein, bei der ich als Expertin teilgenommen habe. Bischöfe aus der ganzen Welt haben erzählt, was in den Familien in ihren Ländern vor sich geht. Die Ergebnisse dieser ersten Synode veranlassten den Papst zur Organisation einer zweiten Synode zum Thema Beichte: „Versöhnung und Buße in der Sendung der Kirche von heute". Denn die Gnade des Sakraments der Ehe stellt sich nicht von allein ein, nur weil zwei Menschen kirchlich heiraten.

Es gibt nur einen Ausweg – die Bereinigung der Sünden. Gehe und klage dich selber an, denn Beichte besteht nicht darin, dass der Mensch fremde Sünden beichtet, sondern die eigenen. Es gibt keinen anderen Weg. Wenn Menschen nicht beichten gehen, kann die Gnade des Ehesakraments nicht wirken.

Der Mensch ist es, der Gottes Hilfe ablehnt.

Der Heilige Vater rät in dieser Schrift den Laien, mindestens einmal im Monat zur Beichte zu gehen. Er selbst beichtete einmal wöchentlich.

Wenn Menschen über Wochen, Monate, Jahre nicht beichten gehen, haben sie keine Kraft. Woher auch? Von sich aus? Die Menschen haben sehr wenig Kraft. Der Apostel Paulus aber sagt: „*Alles vermag ich durch ihn, der mir Kraft gibt*" (Phil 4,13).

Auch bei der Kindererziehung muss man um die Hilfe des Heiligen Geistes bitten, damit die Entscheidungen, die man in Bezug auf die Kinder trifft, gut und effektiv sind, – Eingebungen des Heiligen Geistes muss man erflehen.

Von sich selbst sagte Johannes Paul II., dass er vor jedem Gespräch mit einem anderen Menschen zuerst den Heiligen Geist um dessen Unterstützung gebeten habe.

Allen Lehrern sollte man immer wieder sagen: „Bevor ihr mit Schülern redet, betet zum Heiligen Geist." Das Gleiche gilt für Eltern: „Warum sucht ihr nach Weisheit nicht dort, wo sie ist?" Man kann über alle Gaben des Heiligen Geistes verfügen, muss aber um sie bitten.

Vor allem sollte jeder bei sich selbst mit der Erziehung beginnen, man sollte sich stets bemühen, besser zu werden, dann wird Heiligkeit sichtbar.

Papst Johannes Paul II. hat gesagt: „Heilige bringen Heilige auf die Welt!"

Heilige Eltern haben heilige Kinder.

Heilige Priester haben heilige Pfarrgemeinden.

Heilige Lehrer haben heilige Schüler.

Zerbrich dir nicht den Kopf darüber, wer wie ist, überlege nur, was du selber tun kannst, um den Menschen etwas Gutes zu geben. Jedes Treffen eines Menschen mit einem anderen hinterlässt irgendeine Spur – entweder hilft es auf dem Weg in den Himmel oder es schadet. Du solltest darüber nachdenken, was ein anderer durch das Treffen mit dir gewonnen hat. Das gilt besonders für Kinder.

Alle Beziehungen junger Menschen zu Erwachsenen haben von Seiten der Erwachsenen einen erzieherischen Einfluss, leider oftmals einen negativen.

Wir werfen jungen Menschen zum Beispiel vor, dass sie ordinär reden, wissen aber gleichzeitig, dass sie genauso reden wie ihre Väter.

In gewissem Sinn muss man junge Leute gegen Erwachsene aufwiegeln: „Macht es nicht so wie die Erwachsenen, werdet nicht so wie sie!"

Man muss sich bewusst sein – es geht nicht darum, dass der Vater seinen Sohn erzieht, sondern dass er zuerst selbst einen guten Vater aus sich machen muss. Zuerst sich selbst. Dann erst wird dieser Sohn das Verhalten dieses guten Vaters vervielfachen. Immer gibt der Vater in der Familie dem Kind die Richtung vor.

Johannes Paul II. hat die Verantwortung für Familie und Kinder eben dem Mann auferlegt. Dem Mann die Verantwortung für die Beziehung zur Frau. Der Papst hat festgestellt, dass das Schicksal der Frau davon abhängt, in welche männliche Hand sie gerät, – denn sie folgt ihm, gibt sich ihm hin.

Geschlechtlichkeit – Gabe und Aufgabe

Können wir uns dessen bewusst sein, dass die menschliche Geschlechtlichkeit ein Beweis für das unvorstellbare Vertrauen ist, welches Gott dem Menschen – Mann und Frau – gegenüber zeigt?

Johannes Paul II. *(Łomża, 4. Juni 1991)*

Wenn man sich näher mit der Anthropologie, und zwar jener von Karol Wojtyła, beschäftigt, wird die schwierige Rolle der Erzieher deutlich. Die erste Annahme dazu lautet, dass das Geschlecht Gottes Entscheidung ist und kein Zufall. Gott hat es jedem Menschen zugedacht. Nicht ohne Grund kam Karol Wojtyła in Wadowice als Junge auf die Welt und die spätere Mutter Teresa in Albanien als Mädchen.

Man muss die eigene Geschlechtlichkeit als Berufung sehen und die sexuelle Verschiedenheit ist der unerschütterliche Plan Gottes.

Die biologischen Anlagen im Menschen lassen sich nicht ändern. Jeder muss dieses Los annehmen, niemand hat sich je sein Geschlecht ausgesucht und niemand wird es sich je aussuchen. Die erste Aufgabe sich selbst gegenüber lautet also, das eigene Geschlecht anzunehmen – ich bin so, wie ich bin.

„Aber ich will ein Mädchen sein", sagt der Junge.

„Du kannst es dir vielleicht wünschen, aber du bist ein Junge."

„Und ich will ein Junge sein", sagt das Mädchen.

„Du kannst es dir wünschen, aber was soll's? Du bist eine Frau."

Das Geschlecht kann man nicht ändern und es bestimmt, wie man lebt. Jeder Mensch muss so leben, wie es die eigene Geschlechtlichkeit vorgibt. Man sollte nur verstehen, dass es dabei um die Idealvorstellung des jeweiligen Geschlechts geht; das heißt, ein Mann soll ein toller Mann werden und keine unterdurchschnittliche Frau. Deshalb ist das gegenseitige Nachahmen dumm und unmöglich.

Man kann das Geschlecht nicht ändern, es ist biologisch vorbestimmt. Es kann vorkommen, dass ein Mensch nicht weiß, welches Geschlecht er hat – aufgrund einer Deformation seiner Geschlechtsorgane.

Einmal wurde ein Mädchen, das in ein Nonnenkloster eintreten wollte, von der Oberin zur psychiatrischen Untersuchung geschickt. Es stammte aus einem Waisenhaus in der Ukraine und war etwas „spröde". Bei der Untersuchung stellte sich heraus, dass es ein Junge war – mit unterentwickelten äußeren Geschlechtsteilen, welche sich erst in der Pubertät zeigten.

Die menschliche Geschlechtlichkeit ist für die Elternschaft vorgesehen. Das versteht der moderne Mensch nicht und er versteht überhaupt nicht, warum er einen Körper bekam. Gott hätte doch Menschen so wie Engel erschaffen können, ohne Körper. Durch seine Seele – jeder hat eine Seele –verfügt der Mensch über die Fähigkeit, mit Gott eins zu werden. Das ist durch die heilige Kommunion möglich, weil Jesus auf der Erde geblieben und in der heiligen Kommunion gegenwärtig ist. Warum also noch ein Körper?

Karol Wojtyła zögert nicht zu sagen: „Der menschliche Körper ist heilig. Das menschliche Leben ist heilig."

Durch den Körper zeigt sich das Ausmaß von Gottes Liebe den Menschen gegenüber, denn durch den Körper kann die (menschliche) Schöpfung sogar Kontrolle über den Schöpfer erlangen. Dadurch, dass Gott dem Menschen einen Körper gibt, zieht er sich irgendwie aus der eigenen Schöpfung zurück – er erschafft nicht mehr selbst neue Menschen, sondern unter Mitwirkung der beiden, Vater und Mutter.

Das ist die grundlegende Bedeutung des Körpers. Dank ihrer Körper können die von Gott erschaffenen Menschen an der Schaffung neuen Lebens mitwirken. Der Schöpfer erzeugt ohne sie, ohne diese beiden, kein neues Leben. Der Schöpfer macht sich von der Schöpfung abhängig. So weit reicht Gottes Liebe zu den Menschen. Unglaublich!

Den Körper gibt es deswegen, weil es seit eh und je durch die menschliche Elternschaft eine Transzendenz von Leben und Liebe gibt. Das neue Leben soll eine Frucht der Liebe sein. Natürlich ist jeder Mensch von Anfang an von Gott geliebt, aber es geht darum, dass er auch eine Frucht der menschlichen Liebe ist. So will es Gott. Und so ist die Rolle des Körpers und der Geschlechtlichkeit. Sie hat der Elternschaft zu dienen.

Nicht alle Menschen haben diese Aufgabe. Gott schenkt Leben, aber er gibt das Recht zu diesem Zusammenwirken nur jenen, die mit ihm ein Bündnis eingehen, einen großen Eid ablegen, erst dann erhalten sie das Recht, mit dem Schöpfergott zusammenzuarbeiten.

Das Sakrament der Ehe ist ein Bündnis zwischen zwei Menschen und Gott. Dazu schreibt Papst Paul VI. deutlich in der Enzyklika *Humanae vitae*: „Die Ehe ist nicht das bloße Produkt des Zufalls oder Ergebnis des blinden Ablaufs von Naturkräften: Der Schöpfergott hat sie in weiser Voraussicht so eingerichtet, dass sie in den Menschen seinen Liebesplan verwirklicht" (HV 8).

Gott hat seinen eigenen Plan mit den Menschen. Er sagt: „Seid fruchtbar und vermehrt euch, bevölkert die Erde, unterwerft sie euch!" (Gen 1,28)

Menschen wollen ihren Plan durchführen: „Ich heirate", „Ich gründe eine Familie". Aber sie können diesen Plan nur dann in die Tat umsetzen, wenn Gott ihnen diese Familie auch vorbestimmt hat. Sie können Gottes Plan nur ablesen.

In meiner Jugend gab es den Begriff „Sex", wie er heute verwendet wird, nicht. Für meine Generation gab es ihn nicht und es gibt ihn auch jetzt nicht. Das lateinische Wort *sexus* bedeutet Geschlecht. Bei den Menschen gibt es zwei Geschlechter – Mann und Frau, beide nach Gottes Abbild erschaffen, damit sie Vater und Mutter werden können, zwei unterschiedliche Wesen von der biologischen Struktur her. Dies ermöglicht ihnen, Eltern zu werden.

Das Geschlecht ist genetisch festgelegt, es ist in jeder einzelnen Körperzelle erkennbar; in meiner Jugend waren das einfach Er und Sie – der Junge und das Mädchen – und das ist auch weiterhin so, es gibt nichts dazwischen.

Der gesamte Körper der Frau ist weiblich, jede einzelne Zelle enthält X-Chromosomen, der ganze Körper des Mannes hingegen ist männlich und enthält XY-Chromosomen, das heißt der gesamte Körper ist geschlechtlich. Heutzutage werden nur die Geschlechtsorgane als Sexualorgane bezeichnet. Das Geschlecht lässt sich aber an jeder einzelnen Zelle des menschlichen Körpers ablesen, auch die Nase, die Ferse und die Leber sind geschlechtsspezifisch.

Die Geschlechtlichkeit ist für die Elternschaft nötig. Er ist Mann, um Vater zu werden, sie ist Frau, um Mutter zu werden – nur und ausschließlich. Es gibt keinen anderen Grund.

Menschsein versteht sich als Ähnlichkeit mit Gott und Geschlechtlichkeit als sexuelle Verschiedenheit, die mit Gottes Wirken verbunden ist.

Niemals wird aus einer Frau ein Mann werden können. Sie müsste ein zweites Mal auf die Welt kommen, denn alles in ihr müsste umgeändert werden. Das Geschlecht ist biologisch determiniert.

Doch natürlich kann man den menschlichen Körper steuern, denn für den Akt der Zeugung gibt es spezielle Geschlechtsorgane, von denen der hl. Paulus sagt, dass sie als Organe, der besonderen Sorge und Achtung bedürfen. Und Karol Wojtyła zögert nicht, sie *heilig* zu nennen. Heilig ist der Frauenkörper und heilig ist auch das Organ, in welchem der Heilige Geist wirkt, um den Eltern Kinder zu schenken.

Der menschliche Körper ist immer heilig, immer von Geist durchdrungen. Aber er kann vom Heiligen Geist durchdrungen sein oder vom weltlichen Geist. Von welchem Geist lässt du deinen Körper durchdringen?

Der gesunde Mensch ist dazu bestimmt, dass er Vater oder Mutter werden kann. Keiner ist allein fruchtbar, nur gemeinsam kann ein Paar fruchtbar sein, aber beide, sowohl Vater als auch Mutter, müssen gesund sein, um die Fortpflanzungsbedingungen zu erfüllen.

Genau hier kommt die gänzliche Verschiedenheit im physiologischen und anatomischen Bereich zum Tragen, aber auch jene in der psychischen Struktur und die beiden unterschiedlichen Rollen als Vater oder Mutter.

Warum ist der Mann notwendig?

Weil er zum Vater wird. Deshalb ist alles in ihm dazu eingerichtet, dass er Vater werden kann. Was heißt das?

Man muss mit ihm beginnen, denn er wurde als Erster erschaffen. Aus dem Buch Genesis wissen wir, dass der Mann nach Gottes Plan derjenige ist, der aus dem Staub der Erde erschaffen wurde, das Paradies erhielt und über die Materie herrschen soll.

„Seid fruchtbar und vermehrt euch, bevölkert die Erde, unterwerft sie euch" – er, der Mann, macht sich seit prähistorischer Zeit die Erde untertan. Dazu hat er Körperkraft, entsprechend starke Knochen und Muskeln, schnelle Reaktionen und eine ganze Reihe psychischer Eigenschaften, die der Mensch braucht, um die Verantwortung für alles zu übernehmen, was auf der Erde passiert.

Die physische Struktur ist beim Mann besser entwickelt als bei der Frau, was sich aber nicht auf die psychische und geistige Stärke beziehen muss. Dennoch hat er die Anlage zu bestimmten Handlungen und muss daher so erzogen werden, dass er zu einem Mann heranreifen kann, der sich durch seine Tapferkeit, Durchsetzungskraft und seinen Tatendrang auszeichnet.

Die körperlichen Eigenschaften des Mannes beeinflussen auch seine Rolle als Elternteil, ganz anders als bei der Frau. Meist ist den Männern nicht klar, welch große Rolle sie bei der Zeugung spielen.

Sitz der männlichen Verantwortung

Die Würde der Person verlangt die Beherrschung des Begehrens des Fleisches. Wenn die Person keine derartige Kontrolle ausübt, (…) lässt sie zu, dass sich ein niedriger und von ihr abhängiger Teil der Freiheit des Handelns bemächtigt, und tatsächlich unterwirft sie sich damit diesem geringeren Selbst.

Karol Wojtyła, *Liebe und Verantwortung*

Ein Knabe kommt auf die Welt, sein Körper enthält noch keine Fortpflanzungszellen; ein Mädchen kommt hingegen schon mit diesen auf die Welt, nur sind sie noch nicht reif. Beide haben allerdings schon Geschlechtsorgane.

Genau hier liegt die Gefahr, dass der Junge sein Geschlechtsteil unterschätzt und manchmal, besonders in der Pubertät, ein ambivalentes Verhältnis dazu hat, eine Mischung aus Stolz und Scham, irgendwie weiß er nicht so recht, was er damit machen soll, weil es ja auch noch eine physiologische Funktion hat.

In der Pubertät entwickelt sich der männliche Organismus zu einer großen biochemischen Fabrik, bei Frauen gibt es das nicht. Es beginnt die Produktion und Ausbildung von lebenspendenden Samenzellen. In alten Medizinhandbüchern wird der männliche Samen auch als *Lebenselixier* bezeichnet.

Sobald den Jungen Barthaare wachsen, steigt auch ihr Energiepegel. Die Keimdrüsen beginnen zu arbeiten, sie produzieren Hormone und männliche Samenzellen. Alle Organe im Körper werden bei Aktivität mit mehr Blut versorgt als im Ruhezustand. Das Blut fließt schneller. Sobald die männlichen Keimdrüsen ihre Arbeit aufnehmen, stehen junge Männer unter einem gewissen Druck. Der Biotonus erhöht sich, die Jungen bewegen sich mehr, sind aktiver.

Sie bleiben nicht an einem Ort sitzen, sie sausen umher, egal ob es sein muss oder nicht. Sie haben ein Übermaß an Energie, die es zu entladen gilt, und das ist ein ernstes Problem in der Erziehung.

Die Erziehung von Jungen soll nicht darauf abzielen, dass sie stundenlang am Schreibtisch oder am Computer sitzen. So entwickeln sie sich nicht richtig und können keine richtigen Verhaltensweisen an den Tag legen, da sich die aufgestaute Energie nicht entladen kann. Dann beginnen sie nämlich, dies auf die angenehmste Weise zu tun. Daher ist bei Jungen von der Pubertät an ihre Reinheit in Gefahr, denn sie beginnen, sexuell aktiv zu werden. Das dürfen sie nicht, denn das Geschlechtsorgan ist für die Elternschaft da.

Jedoch die permissive weltliche Ethik, vom Widersacher gelenkt, lockt: „Du kannst damit etwas tun, was dir angenehm ist, mache es!" Es ist aber nicht wahr, dass Männer das Recht dazu haben, nur weil sie über das Werkzeug verfügen. Das Recht, Vater zu werden, hat nur derjenige, der vor dem Altar verspricht, dass er die Mutter des Kindes nie verlassen und nie betrügen wird.

Um es ganz klar auszudrücken – nur Ehepaare dürfen Geschlechtsverkehr haben. Heutzutage sagt das den Jungen jedoch niemand – im Gegenteil, es heißt: „Mache, wozu du Lust hast!" Sie wollen heute gar nicht mutige, tapfere, starke Männer werden, sie wollen nur mit wenig Aufwand ein Maximum an Vergnügen haben. Mit dem Geschlechtsteil kann man sich leicht vergnügen, es ist sehr empfänglich und reagiert gut auf Reize.

Ein großer Teil der jungen Männer verstößt in der Pubertät gegen das sechste Gebot. Im Allgemeinen nicht von Anfang an mit einer zweiten Person, manchmal beginnt es mit Masturbation, Selbstbefriedigung allein oder mit Freunden. Später meinen diese Burschen, dass das homosexuell sei, es ist aber nicht homosexuell, sondern gemeinsame Selbstbefriedigung, nichts anderes. Es sind zwei junge Männer, die sich nicht beherrschen können und einfach herumspielen.

Eines Tages sagt jemand zu ihnen: „Das ist ein kindisches Spiel, sei erwachsen, suche dir eine Frau oder einen Partner.“ Auffallend viele junge Männer nehmen diesen Weg, suchen nur das Vergnügen im Sex. Es entwickelt sich ein Kult um den männlichen Körper und ein Sex-Kult, der angeblich als Beweis für Männlichkeit gilt. So jedenfalls die öffentliche Meinung.

Während meines Medizinstudiums hörte ich bei einer Vorlesung einen Dozenten sagen: *Spätzünder*. Wenn ein 20-Jähriger sein Geschlechtsteil noch nicht ausprobiert hat, „ist etwas nicht in Ordnung, unterentwickelt - er ist ein *Spätzünder*“.

Stellen sie sich vor - an der Hochschule, die Vorlesung eines Dozenten mit einem wissenschaftlichen Titel! Und natürlich eine Autorität.

Daher lesen junge Männer häufig willige Mädchen von der Straße auf. Heutzutage ist es weitverbreitet und leicht, ein Mädchen für kurze Zeit zu erobern, immer und überall. Unterwegs, z.B. zwischen Krakau und Zakopane, stehen vor allem bei Tankstellen „Bordsteinschwalben“. Auf einer Autofahrt nimmt man sie mit ins Auto und lässt sie später wieder aussteigen.

Bedauernswerter Körperkult, was bringt er?

Mit der Zeit bringt er das Gefühl von Frustration. Männer werden zu Sklaven des eigenen Körpers, denn wenn man dieses Vergnügen immer wiederholt, gewöhnt man sich daran. Gegen dieses Körpergedächtnis kann man nicht ankämpfen. Man ist bereits abhängig.

Der Körper hat es gelernt und der Körper reagiert so, besonders weil es von den Reizen, die auf diese Ebene der Vorstellungskraft wirken, so viele gibt wie nie zuvor in der Geschichte der Menschheit –Werbeplakate auf der ganzen Welt, auch in Polen, und abstoßende pornografische Bilder in Fernsehen und Internet.

Einmal habe ich mich dagegen engagiert. Ich habe bei dem Herrn Abgeordneten angerufen, der früher bei der Bahn gearbeitet hatte, denn auf dem Bahnsteig in Warschau, von welchem immer der Zug nach Krakau abfährt, hing ein riesengroßes Plakat mit einem Paar beim Geschlechtsverkehr, zwei nackten Menschen. Bei der Einfahrt des Zuges war es verdeckt, aber bei der Abfahrt des Zuges haben es alle gesehen, auch Kinder.

Ich habe ihn angerufen und gebeten herauszufinden, wer dieses Plakat aufgehängt hatte. Er hat mir daraufhin erklärt, dass 30 dieser Plakate heruntergenommen worden waren, aber niemand wusste, wer sie angebracht hatte.

Und Männer sehen diese Bilder, sie haben ja Augen im Kopf und reagieren darauf.

Die Anspannung kommt vom Geschlechtsorgan. Man sagt aber „sexuelle Anspannung“. In dem Sinn sexuell, als der gesamte menschliche Körper sexuell ist – männlich oder weiblich.

Aber wie soll man darüber mit Jungen reden? Welche Worte benutzen sie für das, was sie mit ihrem Geschlechtsorgan treiben? Es ist bekannt, welch ordinären Worte Menschen verwenden, besonders Männer; heutzutage aber nicht nur sie.

Johannes Paul II. schmerzte diese ordinäre Sprache und das ganze Drumherum. Er selbst nannte das männliche Geschlechtsteil „Sitz deiner männlichen Verantwortung. Du bist verantwortlich dafür, was du damit anstellst, denn du bist der Täter".

Bei Jungen tritt die körperliche Reife später ein als bei Mädchen, die bereits mit elf oder zwölf Jahren geschlechtsreif werden, Jungen hingegen etwas später – mit 15 oder 16 Jahren.

Es kommt also vor, dass ein Junge, der noch nicht reif genug ist, Verantwortung zu übernehmen, sexuelle Tätigkeiten aufnimmt, die neues Leben schaffen.

In diesem Zusammenhang gibt es ein beunruhigendes Phänomen. Ich beschäftige mich seit 60 Jahren mit dem Schicksal lediger Mütter – es hat immer solche Mädchen gegeben, aber das waren 18- oder 20-Jährige, verführt von unredlichen erwachsenen Männern. Jetzt sind es Jugendliche, Minderjährige, also minderjährige Eltern – sie ist 13, er 16 Jahre alt. Was soll man mit ihnen machen?

Manchmal passiert dies mit Wissen der Eltern, weil es eine falsche Auffassung von Männlichkeit gibt. Es wird behauptet, dass der Junge das Recht zum Geschlechtsverkehr hätte, weil es ihm sein Geschlechtsteil ermöglicht: „Na ja, der Junge hat das Recht dazu, er muss."

Wenn aber das Mädchen vor der Hochzeit schwanger wird, wird nicht über ihn hergezogen, sondern über sie. „Na ja, er ist ein junger Mann, er hat das Recht dazu. Wenn sie das so wollte, ist das ihre Sache." Leicht schiebt man die Verantwortung auf das Mädchen, „denn sie hat ihn so provoziert, dass er darauf angesprungen ist".

Das stimmt, das Mädchen provoziert vielleicht, aber das heißt nicht, dass er auf diese Provokation einsteigen und Sex haben muss. Er hat ja auch Verstand und sollte genug Verantwortungsgefühl haben, um die Folgen seines Tuns zu überblicken.

Lehre deinen eigenen Körper, des Bruders Körper zu sein

Man kann nur in Verbindung mit der Tugend der Liebe an die Keuschheit denken. Ihre Aufgabe ist es, die Liebe von der utilitaristischen Einstellung zu befreien.

Karol Wojtyła, *Liebe und Verantwortung*

Die Erziehung von Jungen muss sowohl Verstandesargumente als auch Körperdisziplin beinhalten.

Man erzieht Jungen nicht zur Reinheit, wenn man von ihnen keine körperlichen Anstrengungen verlangt. Heutzutage sind junge Männer derart auf den Körper und die Geschlechtsteile fixiert, weil sie nur das mit ihrem Körper machen können. Manche begeistern sich auch für Sport, aber eher als Zuschauer, als selbst aktiv zu sein. Und Zuschauer tun nichts außer schreien.

Man sollte Jungen so erziehen, dass sie körperlich arbeiten müssen, damit sich Muskeln entwickeln –

nicht nur als reine Kraftübung, die nichts bringt und keinen Sinn hat, – sondern in Form von nützlicher Arbeit.

Früher gab es in Pfadfindergruppen eine hervorragende Erziehung. Pfadfinderjungen konnten alles machen, trainierten ihre Geschicklichkeit, entwickelten alle Fähigkeiten, übten verschiedene Sportarten aus und verrichteten allerlei körperliche Arbeiten. Männer sollten alles können, moderne junge Männer können gar nichts. Die Schwierigkeit liegt darin, dass richtige männliche Vorbilder fehlen. Wie sollen echte Männer aussehen?

Ein echter Mann beherrscht seinen Körper ausgezeichnet.

Papst Johannes Paul II. sprach von Selbstbeherrschung und Selbstbesitz.

Was soll ein junger Mann beherrschen? Vor allem seine eigenen körperlichen Reaktionen. Das ist weniger eine Frage der Beherrschung als der Erziehung des eigenen Körpers. Denn der männliche Körper, der menschliche Körper überhaupt, ist lernfähig. Der Heilige Vater scheute sich nicht, Jungen zu sagen: „Lehre deinen eigenen Körper, des Bruders Körper zu sein. Lehre deinen Körper, dem Geist zu gehorchen."

Lehre ihn – der Körper kann es nicht von allein.

Der Körper kann Verschiedenes lernen. Zum Beispiel bei Akrobaten – es ist ganz und gar unglaublich, welche Fähigkeiten ein Körper erlangen kann.

Einem normalen Menschen käme es nie in den Sinn, dass man so etwas überhaupt machen kann. Und man kann dem Körper Gehorsam beibringen, damit er nicht reagiert, wenn eine Reaktion unerwünscht ist.

Es geht darum, die Reaktion nicht zu wollen. Da sie aber Vergnügen bereitet, ist das genaue Gegenteil der Fall – Jungen suchen nach Reizen. Sie schauen sich furchtbare Pornobilder im Internet an – nicht nur Jugendliche, auch erwachsene Männer.

Es herrscht eine regelrechte Sucht nach pornografischen Bildern unter Männern. Sie stillen ihre Sehnsüchte damit und entdecken Perverses für sich, „neue Möglichkeiten", denn sie reagieren mit einer Erektion auf verschiedene Reize. Der moderne Mann ist oberflächlich und denkt häufig an Sex. Und er muss ja Mann sein bis ins Knochenmark. Das heißt, dass er für alles, was er macht, verantwortlich ist.

Wie soll man Jungen erziehen? Das ist nicht leicht, und zwar deswegen, weil in der Erziehung der Jungen Frauen stören, die diese nicht erziehen können. Kleine Jungen werden gehätschelt, sie tragen Schals und Mützen, sind überhitzt, sollen jedoch laufen. Ein Kind ist lebhaft und braucht nicht so warm angezogen zu sein.

Jungen muss man abhärten – sie auf hartem Lager schlafen lassen, ihnen ab und zu weniger Essen geben, ihre körperliche Kraft stärken. Sie müssen ihren Körper Gehorsam lehren. *Lehre deinen Körper, dem Geist zu gehorchen.* Wenn er aber dem weltlichen

Geist Gehör schenkt, dann hat er ein Mädchen nach dem anderen – so sieht das Leben vieler Jungen aus. Aus Selbstbefriedigung entsteht Unzucht mit vielen x-beliebigen Frauen …

Bei der Sitzung des päpstlichen Rates für die Pastoral im Krankendienst zum Thema Fruchtbarkeit hielt zum ersten Mal ein Androloge einen Vortrag darüber, dass es schlecht um die Männer stehe, weil sie ihre Zeugungsfähigkeit aufgrund von Infektionen verlieren würden, welche oft im Zusammenhang mit wechselnden Partnern und ohne Symptome auftreten. Und doch machen solche symptomfreien Infektionserkrankungen sogar unfruchtbar. Manchmal lassen sich Ehepaare sehr lange wegen Unfruchtbarkeit behandeln; die Frau geht zum Arzt und weiß gar nicht, dass die Ursache bei ihrem Mann liegt, weil er diese Störung hat.

Damals auf dem wissenschaftlichen Kongress hörte ich zum ersten Mal, dass ein Arzt es wagte, Folgendes auszusprechen: Wenn Männer nicht schon vor der Ehe sexuell aktiv wären, sondern erst dann, wenn sie eine gesunde Partnerin geheiratet haben, und wenn sie ihr ein Leben lang treu wären, dann könnten sie diese Infektionen vermeiden. Eigenartig, dass die Medien das Thema gar nicht erwähnten; es verhallte ohne Echo.

Jungen tun sich schwer, Verantwortung dafür zu übernehmen, was sie mit sich und ihrem Körper machen.

Sie vergnügen sich mit ihrem Körper, aber das dürfen sie nicht!

Das Geschlechtsorgan ist kein Spielzeug.

Der Körper dient dem Menschen und ist ihm für die von Gott bemessene Zeit gegeben.

Es geht um die Verantwortung der Männer für die Fruchtbarkeit, denn sie sind – sofern gesund – diejenigen, die immer fruchtbar sind, es aber nicht wissen, oder sich so benehmen, als ob sie es nicht wüssten. Und oftmals wissen sie es wirklich nicht.

Es gibt Männer, die nicht wissen, dass sie Kinder haben. Manchmal erfahre ich in meiner Beratung, dass er ein Kind hat, er aber weiß es nicht. Er hat sich mit so vielen Mädchen vergnügt und hat seine Samen gestreut, aber es interessierte ihn überhaupt nicht, was aus ihnen wurde. Er erinnert sich nicht an die Namen dieser Mädchen, die er auf irgendwelchen Partys, in Diskotheken, Kneipen oder irgendwelchen Hotels kennengelernt hat. Einmal sah ich ein Paar, das sogar in der Jagiellonen-Bibliothek auf einer Bank hinter einem Pfeiler Geschlechtsverkehr hatte, manchmal sieht man das auch im Planty-Park in Krakau. Genau wie Hunde auf der Wiese.

Was soll man nur mit Männern machen? Wie soll man sie erziehen?

Man kann nur den Verstand wecken und von der Erziehung zur Selbsterziehung anleiten. Rational logisches Denken anregen:

Woher kommst du?

Wohin möchtest du?

Wozu hast du dein Geschlechtsteil?

Was ist in diesem Geschlechtsteil enthalten?

Und das Bewusstsein wecken: Ich bin derjenige, welcher ständig Leben in sich trägt.

Jedes Mal, wenn sich ein Mann mit einer Frau einlässt, kann er Vater werden. Wenn sie kein Kind bekommt, dann nur deswegen, weil sie nicht Mutter werden kann. Er kann immer Vater werden … und ist sich seiner Vaterschaft nicht bewusst. Heutzutage ist Vaterschaft nicht eine bewusste Wahl, sondern ein Zufall. „Zufällig bin ich Vater geworden!" So als ob es geregnet hätte und das Mädchen davon schwanger geworden wäre.

Jugendliche, die sich beklagen und von der Selbstbefriedigung wegkommen wollen, sagen mir auch: „Es ist mir passiert …" Ich aber sage zu ihnen: „Immer mit der Ruhe! Entweder hast du es gemacht oder nicht – das kann nicht von selbst passieren. Wenn ein Anreiz schon da ist und Erregung entsteht, kommt es zu einer Reaktion, das ist klar. Die Reaktion ist dann ganz spontan."

Andererseits belegen Untersuchungen des französischen Professors und Neurophysiologen Paul Chauchard – dieser kam notabene auf meine Einladung nach Krakau; er hat gemeint, er habe in Polen seine geistige Heimat gefunden, Frankreich sei die Heimat für seinen Körper –, dass Männer sogar den Samenerguss mit ihrer Willenskraft zurückhalten können, nicht nur eine Erektion.

Es ist nicht wahr, dass man seinen Körper nicht beherrschen kann. Aber wenn sich die Meinung hält, dass „er muss“, nimmt man eigentlich den Männern das Menschliche. Denn ein Tier muss es tun, weil es einem Fortpflanzungszyklus unterworfen ist, ein Mann muss nie, kann aber immer, wenn er will.

Ob es zum Geschlechtsverkehr kommt, wird nicht vom Geschlechtsorgan gesteuert, sondern vom Gehirn, dem Sitz des Willens. Ich möchte es, dann tue ich es, ich möchte es nicht, dann lass ich es sein.

Zwar behaupten Jungen, dass es Mädchen sind, die sie verführen und beinahe vergewaltigen, aber diese Entschuldigung ist für sie eher eine Rechtfertigung vor sich selber. Wenn er das so nicht wollte, hätte er es auch nicht getan.

Der Wille stellt hier ein Problem dar. Jungen sagen oft: „Ich habe aber keinen starken Willen.“ Woher sollen sie den auch haben?

Niemand kommt mit einem starken Willen zur Welt. Der Mensch erhält einen freien Willen und muss ihn ausformen. Und von ihm hängt es ab, ob dieser stark wird oder nicht. Den Willen muss jeder selbst aus eigener Kraft ausbilden mit Geboten und Verboten, die er sich selbst aufstellen muss. Einen starken Willen kann man nicht auf die Schnelle durch eine außergewöhnliche Tat entwickeln. So kann man Mut zeigen, eine schnelle Reaktion, aber keinen starken Willen. Diesen muss man trainieren. Beispielsweise kann man sich eine kleine Änderung vornehmen, diese jeden Tag ein ganzes Jahr lang durchhalten und nach einem Jahr hat man einen stärkeren Willen. Man muss sich dafür anstrengen.

Der Mensch muss sich selbst eine gewisse Disziplin auferlegen und sich manchmal zu gewissen Aufgaben zwingen. Papst Johannes Paul II. sagte: „Reiße dich zusammen. Reiße dich am Riemen – du bist ein Mann!"

Das gängige Lebensmotto für die heutige Jugend lautet anders: „Genieße, so viel du kannst, solange du Zeit und Möglichkeit dazu hast!" Und einerseits beherrscht diese Haltung der Männer die materielle Welt, die sie sich untertan machen, sie möchten Macht ausüben – dieses Streben nach Macht kann sehr stark ausgeprägt sein. Andererseits ist es der Körper, dessen sich der Mann bedient. Was passiert dann?

Es passiert Folgendes: Der Mann, für die materielle Welt geschaffen, bezieht in diese materielle Welt die Frau ein, und zwar so, wie er über Meer und Luft herrschen, fliegen, mit dieser oder jener Maschine fahren möchte, so möchte er auch die Frau wie ein Objekt behandeln. Und sie lässt es zu.

Einerseits liegt die Schwierigkeit in der Verantwortung der Frau, andererseits aber auch in der Verantwortung des Mannes für die Frau. Der Mann sollte wissen, dass sich die Frau wie eine Puppe behandeln lässt, er sie aber so nicht behandeln darf!

Von all den schwangeren jungen Frauen, die ich getroffen habe, wurde keine einzige vergewaltigt – keiner der Jungen hat sie je vergewaltigt. Aber auch keiner hat je gesagt: „Ich liebe dich!“, sondern nur: „Sie wollte es selbst“, und hat daher nicht die geringsten Schuldgefühle. Er hätte Schuldgefühle gehabt, wenn er sie vergewaltigt hätte.

Jungen müssen selbst den Willen haben, sich beherrschen zu wollen, niemand kann das für sie tun, besonders, wenn es um die Beherrschung der eigenen inneren Fantasien geht.

Deswegen ist für Jungen Pornografie eine so große Gefahr, weil sie auf die Fantasie und das Gedächtnis abzielt. Und so kann es vorkommen, dass ein Junge zwar wie beim Lernen über den Büchern sitzt und die Mutter denkt: „Der brave Sohnemann lernt Physik“, er aber überhaupt nicht an Physik denkt, sondern die ganze Zeit in der Erinnerung nochmals alles durchlebt. Er hat Fantasie und das reicht aus. Der Reiz muss nicht unbedingt ein Mädchen sein, es kann lediglich der Gedanke an es sein, eine Erinnerung.

Heutzutage ist Sex wie eine Epidemie. Der Schriftsteller Boy-Żeleński sagt: „Sex verhext.“ Und dies deswegen, weil man ihn überall sieht.

Und aus diesem Grund muss man versuchen, Jungen so zu erziehen, dass sie eine richtige ganzheitliche Vorstellung von Mädchen entwickeln. Ein

Mädchen ist nicht nur ein Körper, der Busen und Beine hat, sondern auch eine menschliche Person mit Psyche, Seele und einer Berufung zur Heiligkeit.

Johannes Paul II. hat gesagt: „Öffnet die Augen der Seele und seht mit den Augen der Seele, nicht mit den Augen des Körpers!"

Über die Entstehung der Erregung entscheidet die Absicht hinter dem Sehen. Wenn du ein Mädchen von Anfang an nur unter dem Blickwinkel betrachtest: „Wird es mir heute gelingen, sie zu erobern?", dann kann Erregung, Bereitschaft zum Geschlechtsverkehr, sofort entstehen – 20 Sekunden und der Körper reagiert.

Der Junge könnte sich aber auch beim Anblick eines Mädchens überlegen, wie er ihm helfen könnte. Das Mädchen ist ein Mensch, der vielleicht traurig oder unglücklich ist und den jemand verletzt hat.

Bereits in der Grundschule beobachten wir eine unerwartete Folge der gemischten Klassen, denn die Mädchen und Jungen werden ständig aufgefordert, Paare zu bilden. Als es getrennte Schulen für Mädchen und Jungen gab – und Gott sei Dank macht man sich Gedanken darüber, solche wieder einzuführen – konnten Mädchen Freundschaften untereinander schließen und Jungen ebenso. So kommen sie nicht in Versuchung, dass sie sich einander annähern, Körper an Körper, denn es ist klar, wie das endet – mit einem Kind.

Man sollte eher danach streben, richtige zwischenmenschliche Beziehungen zu entwickeln. Freundschaften entstehen bei gemeinsamen Aktivitäten mit einem zweiten Menschen. In diesem sollte – wie uns Johannes Paul II. lehrt – „die Identität des Gotteskindes als Abbild des Schöpfergottes" wiederentdeckt werden. Das Mädchen ist ein Abbild Gottes und der Junge muss sie auf dem Weg zur Ewigkeit unterstützen.

Wichtig ist, was wir tun und wonach wir streben.

Der Mann als Erster voran

Beim Klettern kann man das Seil nicht loslassen.
Ähnlich muss man mit dem göttlichen Freund,
der Jesus Christus heißt, in Verbindung bleiben.
Und man muss mit ihm zusammenarbeiten.
Johannes Paul II. *(Krakau, 8. Juni 1979)*

Mein Buch *Beskider Exerzitien*, eine Sammlung von Schriften des Heiligen Vaters, hat ganz verschiedene Reaktionen hervorgerufen, auch sehr nette. Unter anderem einen Satz, den ich Männern gegenüber gern zitiere. Ein Mann hat mir geschrieben: „Ich habe Ihr Buch gelesen, ich danke Ihnen sehr, es ist wunderschön. Beim Lesen bin ich zu der Überzeugung gelangt, dass es keine Eheprobleme gäbe, wenn wir Männer Verantwortung für unsere Frauen und Kinder übernähmen und vorangingen." Wie eine Leiter zum Himmel – du musst vorangehen, hinter dir folgen Frau und Kind. Es geht um das Verstehen der eigenen Berufung – der Mann muss das Leben von Frau und Kind beschützen. So wie der hl. Josef damals. Das ist die Rolle jeden Mannes, der zur Ehe berufen ist – das Leben von Frau und Kind zu schützen, danach auch das Leben der Pfarrgemeinde, des Volkes und der Menschheit.

Die Verantwortung für das Leben ist eben die Aufgabe der Männer. Übrigens zeigt uns das Leben: Alle Lebensretter sind Männer.

Lehrer überlegen manchmal, was man den Jugendlichen zu lesen geben soll, und überhäufen sie mit Details aus Physiologie, Sexualkunde und Anatomie. Ich rate den Jungen zur Lektüre des Buches „Steine für den Schutzwall" von Alexander Kamiński und der Tagebücher der Bergretter. Die gibt es wirklich. Der Tatra Verlag gibt Berichte von Rettungseinsätzen heraus.

Das ist wahre Männlichkeit: das eigene Leben aufs Spiel setzen, um fremdes Leben zu retten, und nicht das Leben eines anderen Menschen – einer Frau – ausbeuten, um sich ein kurzes Vergnügen zu gönnen. Manchmal bedienen sich Männer wahllos aller erreichbarer Frauen nur um dieses kurzlebigen Vergnügens willen.

Man muss den Sinn der Menschlichkeit entdecken, den Sinn der Geschlechtlichkeit in der Elternschaft, in der Fortpflanzung, gemeinsam mit Gott. Papst Paul VI. nennt die Eltern „Mitarbeiter Gottes am Schöpfungswerk". Eltern sollten Mitarbeiter Gottes sein, denn ohne sie schafft Gott kein neues Leben.

So ein Vorrecht, und die Menschen verstehen es nicht!

Vaterschaft kann kein Zufall sein, der Mann hat die Wahl zu treffen und sich dazu berufen zu fühlen. Ein Großteil der Männer jedoch wird zufällig Vater und leugnet es danach. Überall an Metropolitangerichten in Polen und auf der ganzen Welt stapeln sich die Anträge auf Annullierung der Ehe. Der Mann gibt an, dass er überhaupt nicht heiraten wollte, dass er nur von der schwangeren Frau und deren Familie dazu gezwungen wurde. Und da er ja gezwungen wurde, sei diese Ehe ungültig.

Und das ist wahr – wenn jemand gezwungen wurde, ist das Sakrament der Ehe ungültig.

Er hat sich das Los als Vater nicht ausgesucht, er hat sich nur eine Partnerin zur Befriedigung seines Körpers, den er doch hat, genommen. Der Junge denkt aber nicht daran, dass er kein Recht dazu hat, seinen Körper so zu benutzen.

Nicht die Liebe gibt das Recht zur körperlichen Vereinigung, zum Geschlechtsverkehr. Die Liebe kann das Recht dazu geben, sein Leben für einen geliebten Menschen herzugeben, aber das Recht zum Geschlechtsverkehr gibt nur und ausschließlich ein Bund, der das Schicksal des Kindes schützt –das Sakrament der Ehe. In Ländern, in denen es keine Christen gibt, werden Gesetze eingeführt, die die Verantwortung für das Schicksal der Kinder sicherstellen. Zivilehen in Ländern, in denen es keine Katholiken gibt, dienen demselben Zweck – dem Wohl der Frau und Mutter.

Der Mann aber möchte über seinen Körper frei verfügen, von klein auf bis zu seinem Lebensende sein Geschlechtsteil immer nur zu seinem Vergnügen einsetzen. Das zeigt das Infantile im Mann. Er möchte sich wie ein Junge bei einem Fußballmatch mit Bier und einem Mädchen vergnügen – und das sein ganzes Leben lang. Wo wird reife Männlichkeit, innere Disziplin verlangt?

Nicht da.

Es gibt sie nicht. Man soll sich im Klaren darüber sein, dass Männer zur Verantwortung erzogen werden müssen. Dies erreicht man nur durch Selbsterziehung. Niemand kann das für sie erledigen. Weder Vater noch Mutter haben die Möglichkeit, ihren Sohn vom Geschlechtsverkehr abzuhalten. Aber man kann ein gutes Bild von Männlichkeit vorleben. Wenn jedoch der Vater bereits vor der Ehe sexuell aktiv war, fehlen gute Argumente dem Sohn gegenüber.

SOS der Vaterschaft! Ich habe mir erlaubt, dies auf der Wallfahrt katholischer Familien im Heiligen Jahr so auszusprechen. Für die Wallfahrt wurde ich gebeten, ein Motto für das neue Jahrtausend zu finden. Ich nannte drei verschiedene: „SOS der Jugend" – rettet die Seele der Jugend! „SOS des Vaters" – rettet die Vaterfigur! Und „Öffnet euer Haus!"

Auf das Zweite reagierte ein Mann aus Lublin. Er

gründete einen Verein zur Verteidigung des Vaters und lehrt Männer Vaterschaft.

Natürlich können junge Menschen weder Vater noch Mutter sein, sie müssen es erst lernen. Die Mutterschaft benötigt weniger spezielle „Ausbildung“, denn das Kind selbst lehrt die Mutter. Der Mann hingegen muss erfahren und lernen, Vater zu sein, denn er hat keine väterlichen Empfindungen und keine persönlichen Vaterschaftserfahrungen. Er hat nur die Vereinigung mit der Frau erlebt, er weiß nicht, was es bedeutet, Vater zu sein. Er muss erst erfahren, dass ein Kind da ist, und sich selbst als verantwortungsbewussten Vater akzeptieren. Manchmal aber leugnet er und sagt: „Ich war es nicht, es war ein anderer!“ Manchmal streiten Männer die Vaterschaft ab und wollen das Kind nicht als das Ihre annehmen. Es fällt ihnen schwer, sich für die Möglichkeit der Vaterschaft und für das Leben eines Kindes verantwortlich zu fühlen.

Im Sejm gab es Diskussionen über das Thema Abtreibung. Endlich war es gelungen, das Recht zur Abtreibung einzuschränken, zwar nicht gänzlich, aber abgesehen von einigen wenigen Ausnahmen ist es im Allgemeinen verboten, ein Kind zu töten. Dabei erschien eine Unmenge von Artikeln darüber, ob für Frauen, die abtreiben, und Ärzte, die es tun, Strafen verhängt werden sollen oder nicht. Von der Verantwortung der Väter dieser getöteten Kinder war nicht die Rede. Doch der Täter sollte bestraft werden und nicht das unschuldige Kind. Das Töten von Kindern ist ja ein Kapitalverbrechen.

Für die Situation sind beide Eltern verantwortlich, sie haben sich körperlich vereinigt!

Das Menschengericht entlässt jedoch den Vater aus der Verantwortung mit der Begründung, dass er keine aktive Rolle bei der Tötung des Kindes gespielt hätte. Er trägt aber moralische Verantwortung. Leider beurteilt das von Menschen geschaffene Recht nur die Tat. Die Frau lässt die Abtreibung vornehmen oder verlangt sogar die Tötung des Kindes, der Mann hingegen – der Vater des Kindes –ist bei der Abtreibung nicht dabei. So hat der Richter keinen Grund, Strafe für den Vater zu fordern, ihn für die Vaterschaft zu bestrafen. Im Gegensatz zum Ehebruch ist die Vaterschaft keine Sünde, keine böse Tat.

In der Enzyklika *Evangelium vitae* Johannes Pauls II. heißt es: „Wer eine Abtreibung vornimmt, zieht sich mit erfolgter Ausführung die Tatstrafe der Exkommunikation *latae sententiae* zu, das heißt, die Strafe tritt von selbst durch Begehen der Straftat ein. Die Exkommunikation trifft alle, die diese Straftat in Kenntnis der Strafe begehen, somit auch jene Mittäter, ohne deren Handeln sie nicht begangen worden wäre. Mit dieser erneut bestätigten Sanktion stellt die Kirche diese Straftat als eines der schwersten und gefährlichsten Verbrechen hin und spornt so den, der sie begeht, an, rasch auf den Weg der Umkehr zurückzufinden. Denn in der Kirche hat die Strafe der Exkommunikation den Zweck, die Schwere einer bestimmten Sünde voll bewusst zu machen und somit eine entsprechende Umkehr und Reue zu begünstigen" (62).

Diese Strafe verhängt die Kirche nicht aus dem Grund, um Sünder zu stigmatisieren, sondern um auf die große Bedeutung des begangenen Verbrechens hinzuweisen, denn hierbei handelt es sich um eine Todsünde gegen Gottes Recht. Im 5. Gebot Gottes heißt es, du sollst nicht töten. Gott hat das Leben erschaffen, der Mensch aber zerstört dieses Werk Gottes – er maßt sich das Recht Gottes an, über das Leben des Kindes zu entscheiden.

Gleich als Karol Wojtyła zum Bischof ernannt wurde, gab er den Beichtvätern Weisung, jeden Mann bei der Beichte taktvoll zu fragen, ob er nicht gemeinsam mit irgendeiner Frau vielleicht die Sünde der Abtreibung auf dem Gewissen habe. Für gewöhnlich beichten Männer dies nicht, da sie der Meinung sind, dass es die Partnerin war, die das Kind getötet habe.

Es gibt sogar eine Studie eines belgischen Theologen, des bereits verstorbenen Bischofs Léonce Albert Van Peteghem, der darin behauptet, dass der Mann an der Sünde der Abtreibung größere Schuld trage als die Frau, da diese bei ihr mit Angst gerechtfertigt werde. Sie ist es, die das Kind austrägt und unter Schmerzen auf die Welt bringt, sie hat das Recht, Angst davor zu haben. Sie ist diejenige, die die Leute dafür verurteilen können. Er aber hat keinerlei Verantwortung, leidet nicht, hat keine Schmerzen, wird nicht diskriminiert, niemand weiß, dass er der Vater ist. Deshalb ist seine Schuld größer als ihre.

Und genauso wie die Mutter des getöteten Kindes wird auch der Vater von der Kirche exkommuniziert, unabhängig davon, ob er mit ihr dort war und für den „Eingriff" bezahlt hat oder nicht.

Verantwortung für die Vaterschaft zu übernehmen, ist für jeden Mann verpflichtend. Jeder ist ein potenzieller Vater. Aus Sicht des Biologen ist das sehr interessant und faszinierend. Warum bildet der Mann Millionen Spermien, obwohl für ein Kind nur ein einziges nötig ist? Man weiß nicht, warum das so ist. Ich glaube, dass Gott dem Mann ganz deutlich bewusst machen will, dass Vatersein das Allerwichtigste ist. Damit er ganz sicher weiß, dass er für das Leben verantwortlich ist, immer. Der Vater muss den Sohn anleiten, allen Frauen Wertschätzung entgegenzubringen, das ist die Aufgabe des Vaters.

Ich hatte mehrere Gespräche mit Müttern von Jungen, die vor der Eheschließung Väter wurden. Sie in ihrer Rolle als Frau und Mutter entschuldigten ihre Söhne noch, anstatt sie auf ihr Vergehen aufmerksam zu machen. In der Regel beschuldigen sie noch das Mädchen, dass es ihn verführt habe und er ihm nachgegeben habe, weil er sich nicht dagegen wehren konnte.

Er hat ihr nachgegeben, das stimmt, auch im Paradies war dies so!

Nachgegeben, aber das entschuldigt ihn nicht, denn er muss sich selbst gut kennen und wissen, dass er diese Schwäche in sich trägt. Die männliche Achillesferse.

Der moderne Mann lässt sich furchtbar erniedrigen. Auf der ganzen Welt gibt es Spermienbanken, die Zeugnis darüber ablegen, wie sich Männer benehmen: Für Selbstbefriedigung werden sie bezahlt und verkaufen den teuren Samen. Und es gibt Frauen, die sich für künstliche Befruchtung bezahlen lassen. Welche Rolle spielt der Vater in dieser Schmach der künstlichen Befruchtung? Das Kind ist, statt die Frucht der Liebe von Vater und Mutter zu sein, die Frucht der Technik, so wie bei den Tieren.

Im französischen Fernsehen habe ich zufällig die Aussage einer Künstlerin in Paris gehört. Sie sagte, sie wolle „ihr eigenes Kind haben, ohne Mann". Wozu also noch der Mann? „Unnötig." Er wird verdrängt. „Bedeutungslos, mir reicht sein Sperma, das ich mir kaufe."

Momentan wird im Allgemeinen die große Kraft, die im männlichen Organismus steckt, geringgeschätzt. Die Chance, Vater zu werden, ist doch riesengroß – ohne Vater kein Kind. Er gibt den Impuls zum Leben.

Warum aber sind so viele Spermien nötig? Es gibt Versuche, dieses Phänomen von medizinischer Seite her zu erklären – eine Theorie lautet, dass die Eizelle wählerisch und launisch sei und nicht jedes Spermium hineinlasse, bis ihr endlich eines zusage und sie es hineinlasse.

Die zweite Theorie besagt das Gegenteil, nämlich, dass die Membran der Eizelle ziemlich fest sei, sodass es viel Kraft und viele Versuche der Spermienspitzen braucht, um sie zu schwächen, und sie, bildlich gesprochen, wie einen Damm mit einer großen Welle zum Einstürzen zu bringen. Und deswegen braucht es so viele davon, um den Widerstand zu brechen. Das schafft nur der Stärkste.

Man muss also die Jungen darauf aufmerksam machen, damit sie genau wissen: Sie sind immer zeugungsfähig, sie haben immer diese Samenzellen, sie können immer Vater werden.

„Kann ich jetzt? Soll ich? Habe ich das Recht dazu? Habe ich das Recht dazu, Vater zu werden?"

Jungen bestehen auf dem Recht zum Geschlechtsverkehr und vergessen, dass es gleichzeitig ein Werkzeug zur Vaterschaft ist. Sie fühlen sich gespalten: Sie wollen Geschlechtsverkehr, lehnen aber dessen Folgen ab – das Kind.

Diese schizophrene Haltung unserer Zeit geht sehr weit, denn die einen möchten Kinder ohne Geschlechtsverkehr, die anderen Geschlechtsverkehr ohne Kinder.

Spalten. Etwas trennen, was sich nicht trennen lässt, weil es zum Menschsein bei Mann und Frau gehört, nämlich fruchtbar zu sein. Man kann es nur zerstören – das tun die Menschen auch. Aus Hilflosigkeit ihrer Fruchtbarkeit und Geschlechtlichkeit gegenüber zerstören sie die Fruchtbarkeit und die Geschlechtlichkeit. Sie machen aus dem Plan Gottes eine Karikatur. Warum?

Sie unterliegen der öffentlichen Meinung der heutigen Zivilisation, welche Johannes Paul II. die „Zivilisation des Hasses und des Todes" nannte. Man muss dem Menschen seine ihm eigene Einzigartigkeit zeigen. Sei kein Mitläufer in der Masse! Du bist kein Niemand, du bist nach dem Abbild Gottes erschaffen, jeder Einzelne ganz individuell.

Man muss zum Anfang zurückkehren. Johannes Paul II. sagte: „Alle persönlichen Probleme des Menschen und der Familie löst die *genealogia divina* – des Menschen Abstammung von Gott."

Wahrhaftig, du bist nicht einfach irgendwer!

Du bist ein Kind Gottes! In deine Hand legt Gott das Schicksal von Frau und Kind, also das Schicksal der Menschheit. Und was machen die Männer? Sie haben sich in Materielles verliebt und streben nach Besitz. Es herrscht das Verlangen nach immer mehr Besitz. Die Heilige Schrift sagt „Schätze im Himmel sammeln", sie aber wollen jene auf der Bank.

Ich habe einmal einen dreijährigen Knirps gesehen, der mit einer Karte zu einer niedrigen Mauer ging. Auf die Frage, was er mache, antwortete er: „Ich gehe zum Bankomaten." So klein noch, im Park, und steckt die Karte zwischen die Steine, so wie die Erwachsenen am Bankomaten.

Was für ein Mann möchte ein Junge heute werden? Dazu muss man auch das Gedächtnis des Körpers berücksichtigen und was der junge Mensch über sein Geschlechtsteil weiß und wie er damit umgeht. Wenn er jedes Mal bei seiner Erregung rasche Entspannung suchte, dann kann er später nicht anders. Er wird sich nicht beherrschen können, weil das Gedächtnis folgendermaßen funktioniert: zuerst die Erinnerung, dann die Bereitschaft zum Handeln.

Es ist viel schwieriger, sich etwas abzugewöhnen, als etwas neu zu lernen. Wenn der Junge lernt, dass er bei jeder Erregung Geschlechtsverkehr hat, dann kann er sich nicht zurückhalten und hat ein Problem … Er heiratet, und wenn seine Frau gerade das Kind zur Welt bringt und er sie nicht als Partnerin haben kann, weil sie mit dem Kind beschäftigt ist, was macht er dann? Es werden sehr viele Witze darüber erzählt, wie er sich von der Nachbarin trösten lässt.

Jeder Mann muss vor der Ehe auf diesem Gebiet Enthaltsamkeit lernen. Wenn er in jungen Jahren immer enthaltsam bleibt, ist es später für ihn nicht schwierig, sich zurückzuhalten, bei Bedarf den Geschlechtsverkehr einzuschränken und die Zeitspanne der Fruchtbarkeit abzuwarten, damit sich das nächste Kind nicht unbedingt sofort einstellt.

Phasenweise Enthaltsamkeit ist nichts Erzwungenes. Das ist eine natürliche Verhaltensregel, denn der

Mensch kann nicht immer körperlich aktiv sein. Es gibt immer wieder Phasen ohne Geschlechtsverkehr. Das ist normal und es ist nicht besonders heldenhaft, wenn ein Mann keinen Geschlechtsverkehr hat; es ist einfach eine Lebensregel.

Es ist auch nicht besonders heldenhaft, enthaltsam zu leben. Man kann sich das bewahren, das ist nichts Außergewöhnliches. Du bist unberührt, wenn du dem Schoß der Mutter entspringst. Außergewöhnlich ist Geschlechtsverkehr. Die Menschen jedoch glauben, dass das typisch männlich sei, irgendwie normal und berechtigt, weil Männer halt so ein Geschlechtsteil haben.

Normalerweise aber muss ein gesunder Mann keinen Geschlechtsverkehr haben, spürt überhaupt nicht ständig Erregung, nichts dergleichen. Klar hingegen, wenn er will und es sucht, dann reagiert er. Wenn er sich aber mit Dingen beschäftigt, die ihm wichtiger sind als das, ist es für ihn überhaupt nicht schwer.

Es ist doch nicht wahr, dass es keine Priester gäbe, die das ganze Leben lang ihren heiligen Zölibat einhalten. Es gibt sie. Es gibt auch viele unverheiratete Männer, die überhaupt nicht auf diesem Gebiet sündigen. Es ist nicht wahr, dass alle Männer Geschlechtsverkehr haben müssen. Und es ist wiederum wahr, dass viele Verheiratete die eheliche Reinheit nicht einhalten können und ihre Frau betrügen, was oft zur Scheidung führt.

Im Augenblick wird eine aggressive antiklerikale Propaganda betrieben, in den Medien wird sehr viel über Missbrauch in der Kirche berichtet. Es wird aber nicht wahrgenommen, dass diese Sünde Männer außerhalb des Klerus sehr häufig begehen. Ich kenne unter den Ärzten in meiner Umgebung wesentlich mehr Männer, die das Ehegelöbnis gebrochen haben, als Priester ihr Keuschheitsgelübde.

Das ist eine menschliche Schwäche, männliche Schwäche, denn Männer sind schwach; das zeigt schon die Geschichte im Paradies: Adam erliegt Eva. Warum? Weil sie ihm so gefiel.

Diese Sünde der Schwachheit – es wollen, weil es angenehm ist, Vergnügen bereitet und man alles haben möchte, – begehen viele Männer. Und im Streben nach Besitz, nach Komfort, ist der Mensch bereit, verschiedene Dinge über Bord zu werfen. Es gibt Menschen, die weder ihr Vaterland noch die Schönheit der Welt oder Lyrik schätzen, die nicht wissen, dass sie eine Seele haben, die nur materiellen Dingen hinterherjagen, ungeheuren Reichtum anhäufen. Zum Schluss begehen sie Selbstmord, weil sie keinen Sinn im Leben sehen.

Was erreicht der Mensch, der sich von Gott abwendet?

Als Jesus predigte, sagten die Menschen: „Seine Rede ist hart“, aber er änderte seine Rede nicht, sondern fragte nur seine Jünger, und jetzt uns, die

Getauften, Gefirmten: „Wollt ihr auch weggehen?“ Petrus antwortete: „Herr, wohin sollen wir gehen?“

Wohin geht der Mensch, der sich von Gott abgewendet hat?

Die Schwierigkeit liegt im Bewusstsein. Zur Reinheit kann man einen Mann nur durch klares logisches Denken erziehen.

Das Leben führt zum Tod. Danach gibt es nur noch Himmel oder Hölle. Angesichts dieser Tatsache – den klaren Menschenverstand benutzend – wofür entscheidest du dich?

Die Frau – Wächterin des Lebens

Die Kirche möchte der Heiligsten Dreifaltigkeit für das „Geheimnis der Frau" und für jede Frau Dank sagen – für das, was das ewige Maß ihrer weiblichen Würde ausmacht, für „Gottes große Taten", die im Verlauf der Generationen von Menschen in ihr und durch sie geschehen sind.

Johannes Paul II., *Mulieris dignitatem, IX. 31*

Der Mensch verfügt über Verstand und sollte wissen, dass er am Ende sterben wird. Und die Todesstunde ist Stunde des Gerichts. Johannes Paul II. schreibt in seinem *Brief an die Familien,* dass unsere Taten über uns richten werden. Taten dem Mitmenschen gegenüber. In der Ehe geht es immer um beide – er ihr gegenüber. Die Sünden des Mannes hängen davon ab, wie er seinen Verstand einsetzt. Es kommt vor, dass sich Männer so auf das Erreichen materieller Güter konzentrieren oder auf eine Arbeit, die sie fesselt, dass sie weder Zeit zum Nachdenken haben noch für Liebe oder für Vaterschaft.

Hier kommt die Frau ins Spiel. Sie wurde geschaffen, um den Mann daran zu erinnern, dass er eine Seele hat und in den Himmel kommen soll. Zu diesem Zweck hat Gott Eva erschaffen, nicht nur zur physischen Unterstützung Adams, sondern damit er versteht, dass er eine Seele hat.

Das Buch Genesis fügt noch hinzu, Gott hätte Eva aus einem besseren Material als den Mann geschaffen, denn der Mann entstand aus dem Staub der Erde, sie aber entstand aus ihm. Und sie hatte die Funktion der Vermittlerin zwischen Gott und dem Menschen.

Diese Funktion hat in der Familie die Mutter. Ein Theologe hat einmal gesagt, die Frau habe eine solche Funktion wie der Heilige Geist in der Heiligsten Dreifaltigkeit, der den Vater mit dem Sohn verbindet. Den Vater mit den Kindern. Die Frau wurde nicht für die materielle Welt erschaffen, sondern für Adam. Und deswegen muss sie sich nicht so sehr mit materiellen, sondern mit menschlichen Angelegenheiten beschäftigen.

Doch Frauen machen Fehler. Denn sie sollten sich nicht so mit Materiellem befassen, wie Männer es tun (technische Erfindungen werden beispielsweise zumeist von Männern gemacht). Um etwas zu erreichen, versuchen sie aber, die Männer nachzuahmen und es ihnen gleichzutun. Der Teufel hat dieses Streben in Eva entdeckt und dementsprechend Vieles versprochen. Das ist Evas wunder Punkt; das Besitzstreben wird zum Motor ihres Handelns, sie will immer mehr haben.

Jedes Haus ist voll von unnötigen Gegenständen, die Frauen anhäufen. Sie zwingen ihren Mann zum Kauf verschiedener unnötiger Kleinigkeiten. Psychiater haben sogar eine neue Krankheit entdeckt, die Kaufsucht.

Hier zeigt sich eben, dass Geschäfte mit großen bunten Auslagen Frauen magisch anziehen, sie gehen hinein, ohne nachzudenken, um sich irgendetwas zu kaufen. Es muss gar nicht viel kosten, Hauptsache „irgendetwas". Und ihr Heim ist voll von unnötigem Mist. Einmal habe ich die Wohnung meiner Freundin aufgelöst, was ganze zwei Wochen gedauert hat. Dabei habe ich festgestellt, dass die Schubladen voller neuer, ungebrauchter Dinge waren: Servietten, Schleifchen, Döschen, weiß der Kuckuck was noch.

Du möchtest etwas haben. Was möchtest du haben?

Johannes Paul II. erteilte den Menschen einen Rat aus der Bibel: „Sammelt euch Schätze im Himmel!" (Mt 6,20)

Die Frau soll nicht „etwas" besitzen wollen, weil sie leicht den Überblick verlieren kann. Ihr Wirkungsgebiet sind Menschen und ihre Talente beziehen sich auf Menschen. Deshalb kommen Berufe wie Mutter, Krankenschwester oder Kinderärztin ihren Talenten entgegen.

Der Heilige Vater erwartet von Frauen Sensibilität und Schamhaftigkeit. Eva ist schön; alle Frauen sind schön, sie sind nach dem Abbild Gottes erschaffen und durch die Schönheit des Körpers scheint die Schönheit der Seele durch – oder auch nicht. Und manchmal zeigt sich, dass eine Frau sehr schön ist, aber nicht anziehend wirkt. Und manchmal hat eine Frau Charme, obwohl ihre Gesichtszüge unregelmäßig sind.

Es geht überhaupt nicht darum, was du hast, sondern wer du bist.

Wer bist du, Frau?

Da Johannes Paul II. wollte, dass die moderne Frau das versteht, widmete er ihr fünf Schriften. Fünf seiner Schriften sind ihr gewidmet, damit sie das Eine und Einzige versteht, dass sie die Chance hat, Mutter zu werden. Gerade die Mutterschaft entwickelt alle Talente der Frau. Die Mutterschaft muss auch gar nicht biologisch sein, sondern es geht um die Eigenschaft der Mütterlichkeit. Jede junge Frau hat zu einer Mutterfigur heranzureifen.

Was ist die Rolle der Mutter?

Die Rolle der Mutter ist es, mit dem eigenen Leben das Leben des Kindes zu schützen – alles zu geben, das eigene Blut. Mutterschaft ist also ein Symbol für Altruismus. Die Mutter gibt alles, das Kind nimmt nur, denn das Kind ist klein und kann nichts geben. Und sie möchte immerzu geben, was ihr zum Verhängnis werden könnte. Sie ist nämlich auch bereit zu geben, wenn sie nicht soll – so wie sich Mädchen benehmen, die Jungen erliegen.

Die Rolle der Frau ist eindeutig. Ein kleines Mädchen kommt zur Welt mit einem Körper, der schon ein Organ enthält, das ein Psychologe *behagliches Kämmerchen* für ein Kind nannte. Ein eigenes Organ. Verschlossen, versiegelt, die Frau braucht es sonst nicht. Man kann dies alles chirurgisch entfernen und das wird manchmal gemacht. Ich hatte eine Klassenkameradin, der mit 20 Jahren alle Geschlechtsorgane entfernt wurden.

Der Körper der Frau dient dem Leben des Kindes. Alle Körperfunktionen, alles in der Frau dient dem Kind den größten Teil ihres Lebens.

Ein kleines Mädchen kommt auf die Welt, schon mit dem *Kämmerchen* und dem *Schatzkästchen*, mit einem Schlüssel versperrt. So hat dieser Psychologe die Eierstöcke genannt – *Schatzkästchen*, der Schatz sind die Zellen, die Eizellen, sie sind versteckt und hermetisch mit einem Schlüssel abgesperrt.

Das Mädchen hat also ein *Schatzkästchen* und ein verschlossenes *Kämmerchen*. Johannes Paul II. nennt die weiblichen Geschlechtsorgane *Heiligtum des Lebens*. Die Frau nennt er *Wächterin des Lebens*. Der Heilige Vater spricht deutlich vom *Sacrum des Frauenkörpers*, von der Heiligkeit des Frauenkörpers.

Denn wenn sie Mutter wird, dann vereinigt niemand anderer als der Heilige Geist in ihr die Zellen von Vater und Mutter. Kein anderer, derselbe Heilige Geist, der Gottes Sohn in der Jungfrau aus Nazareth zum Leben erweckt hat. Und deswegen hat man immer gesagt und sollte auch sagen: *Mutter voll der Gnade in gesegneten Umständen.* Sie trägt das Kind Gottes in sich, in ihr hat Gott selbst gewirkt. Der Schöpfergott.

Der überhebliche Mann glaubt, dass er Leben schenkt, aber er gibt nur den Anstoß dazu, den Funken, aber nicht das Leben. Sie hingegen schützt das weitere Leben des Kindes. Dies ist die riesige Aufgabe der Frau, denn von ihr hängt der Fortbestand der Menschheit ab. Was aber, wenn der Mann seine Zellen gibt, was aber, wenn der Heilige Geist Leben einhaucht und ein Kind existiert, und sie dieses Kind ablehnt? Und wie viele Frauen lehnen Kinder ab? Millionen! Heutzutage werden wirklich Millionen Mütter zu Kindsmörderinnen.

Vor über 40 Jahren hat Paul VI. in der Enzyklika *Humanae vitae* eindeutig alle Arten von Kindstötung verurteilt und bislang hat sich nichts geändert. Doch, natürlich hat es sich insoweit geändert, dass es jetzt noch leichter zu töten ist als vor 40 Jahren. Vor 40 Jahren haben Ärzte den Mord durchgeführt, Ärzte, die sechs Jahre lang Medizin studieren und vier Jahre lang eine Facharztausbildung absolvieren mussten, um … ein Kind im Schoß der Mutter zu töten. So gut ist es in der Mutter geschützt. Heute reichen zwei Tabletten. Deswegen wissen wir heutzutage nicht, wieviele Frauen tatsächlich abtreiben. Die aggressive europäische Propaganda empfiehlt die Abtreibungspille und es ist nicht bekannt, wie viele Apotheken diese verkaufen und wie viele junge Mädchen sie einnehmen. Zwar wird sie in Polen noch nicht hergestellt, aber in Italien und Frankreich sehr wohl, von wo sie ganz einfach importiert wird. Private Apotheken importieren heutzutage, was sie wollen.

Eine Mutter, die alles versteht …

… die Frau entdeckt durch den Blick auf Maria das Geheimnis, wie sie ihr Frausein würdig leben und ihre wahre Entfaltung bewirken kann.

Johannes Paul II., *Redemptoris Mater*

Die Mutter, das ist jene Frau aus der Heiligen Schrift, *hic mulier*, die eine Truhe mit allen für die Menschen nötigen Dingen hat, die sich um das Los der Mitmenschen kümmert, die sieht, dass der andere leidet, dass er traurige Augen hat. Sie ist für die Menschen geschaffen, und was macht sie daraus? Manchmal lästert sie einfach über andere. Zwei Frauen treffen sich, zeigen Interesse für andere Personen und lästern über sie. Sehr oft begehen Frauen diese Sünde, manchmal eine schwere Sünde. Und Gott hat verboten zu richten, er sagte: „Richtet nicht!“ Aber sie tun das.

Eine Frau soll andere nicht verurteilen, sie soll sich stattdessen um ihre Mitmenschen kümmern, ihnen helfen – das ist ihre Aufgabe.

Im *Hohelied* findet sich folgender Satz: „Ein verschlossener Garten ist meine Schwester Braut, ein verschlossener Garten, ein versiegelter Quell" (Hld 4,12). Ihre Aufgabe ist es, diesen wertvollen Ort in sich selbst zu bewachen. Ihre Verantwortung für diesen Ort besteht darin, wen sie in diesen schönen Garten hineinlässt. Wen und warum.

Aber natürlich entwickelt sich der Mensch und auch die junge Frau. Alle kleinen Mädchen spielen gern mit Puppen, für gewöhnlich spielen sie Mutter. Kein Junge spielt jemals Vater, außer wenn kleine Mädchen ihn dazu überreden. Jungen spielen Krieg, Räuber und Gendarm, Indianer und spielen mit irgendwelchen Fahrzeugen. Mädchen spielen Mutter und je mehr Puppen, desto größer ihre Freude. Kleine Mädchen wünschen sich viele Kinder.

Mit diesem Verlangen, viele Puppen zu haben, machen gierige Leute riesige Geschäfte. Die Barbie-Puppe ist modern, es ist ein ganzer Industriezweig daraus entstanden; wir haben Puppenkinderwagen, Sprechpuppen, Gehpuppen ... Es entstehen immer mehr neue Ideen. Das kleine Mädchen wird regelrecht von der Geburt bis zur Mutterschaft geleitet. Später als junge Frau muss sie im Lauf der Zeit verstehen, dass dieses *Kämmerchen* und dieses mit Schlüssel versperrte *Schatzkästchen* ihr großes Privileg ist, dass Gott ohne sie keinen Menschen erschaffen könnte. Nur sie als Ehefrau mit ihrem Ehemann kann die Entscheidung Gottes beeinflussen. Aber wie sieht das in der Praxis aus?

Es ist soweit gekommen, dass die Mutterschaft in den Händen der Frau zu einer ihrer Launen wurde: „Jetzt möchte ich mit einer lebendigen Puppe spielen, ich will ein Kind." „Wenn ich kein Kind bekommen kann, dann eben mit künstlicher Befruchtung, denn ich will ein Kind." Oder umgekehrt: „Jetzt will ich kein Kind haben, ihr müsst es in mir umbringen."

Von Launen der Frau soll das menschliche Leben abhängen?

Wie kann man nur als Argument gebrauchen, dass die Frau ein Kind will? Sie will es, na und?! Das heißt noch gar nichts. Gott muss einen neuen Menschen wollen. Und diese beiden Eheleute haben dieses Geschenk anzunehmen und dafür zu danken und nicht zu entscheiden, ob sie will oder nicht will. Elternschaft kann nicht von Launen der Frau abhängig sein. Sie muss im Einklang mit Gottes Plan diesen durchführen und Gott als Schöpfer annehmen.

Die Lösung der Fruchtbarkeitsfrage liegt bei der Frau. Aus biologischer Sicht kann eine Frau durchschnittlich 35 Jahre lang fruchtbar sein, das heißt sie könnte theoretisch 35 Kinder auf die Welt bringen. Natürlich ist das die Frage einer gesunden, vernünftigen Auffassung von Elternschaft, die verantwortlich sein muss.

Die junge Frau sollte niemandem in dieses *Kämmerchen* Einlass gewähren, wenn sie nicht die Möglichkeit hat, das Leben des Kindes zu schützen. Sie darf es nicht! Auch die Ehefrau sollte nicht Einlass gewähren, im Bewusstsein, dass sie gerade ein zwei Monate altes Kind hat, das sie noch mindestens zwei Jahre lang wird stillen müssen. Würde sie jetzt Mutter werden, würde sie das eine mit Muttermilch stillen, das andere mit ihrem Blut. Einem der Kinder wird es an Nahrung mangeln. Der gesunde Menschenverstand sagt der Frau, dass es gewisse Einschränkungen gibt. Sie soll die beste Zeit für die Empfängnis des Kindes aussuchen, weil es vor allem um das Kind geht.

Der Mann hingegen hat für gewöhnlich aus biologischer Sicht keine Wahlmöglichkeit. Er kann nur eines entscheiden: keinen Geschlechtsverkehr zu haben, wenn er merkt, dass er nicht Vater werden soll, weil er immer zeugungsfähig ist.

Gott verlangt von den Menschen nicht maximale Fruchtbarkeit. Gegner der katholischen Kirche behaupten, dass die Kirche Menschen zum Gebären zwinge. Die Kirche erzwingt das Gebären nicht, aber sie besteht darauf, dass ein empfangenes Kind geboren wird, dass ein Kind ein Recht auf Leben hat. Und laut der Bibel stellt sie die Forderung: Du sollst nicht töten. Natürlich ist die Kirche gegen das groß angelegte Töten ungeborener Kinder. Sie ist dagegen, war es und wird es immer sein. Die Frau hat doch Verstand, sie sollte die Vorgänge in ihrem Körper kennen.

Die Aufgabe sich selbst gegenüber ist es, sich selbst kennenzulernen. So wie ein Mann wissen muss, dass er, solange er Samenzellen hat, immer zeugungsfähig ist, so muss eine Frau wissen, was in ihr vorgeht. Auf welche Art und Weise sich dieser *Schatz* aus diesem *Schatzkästchen*, die Eizelle, die im Eierstock eingeschlossen ist, mit der männlichen Samenzelle verbindet.

Geheimnis der Mutterschaft

Gott-Vater wollte das Leben des Kindes, seines Schatzes, so absichern, dass es ab dem Zeitpunkt seiner Empfängnis der Sorge des besten Nächsten anvertraut wurde: seiner eigenen Mutter. „Gottes Herz vertraut ihr."

Johannes Paul II. *(Wrocław, 21. Juni 1983)*

Die biologische Mutterschaft kann man als schönes Märchen betrachten. Man kann wunderbar erzählen, was sich im Organismus der Frau abspielt – so präzise hat Gott sie aufgebaut und erschaffen. Es ist doch eine ganze Abfolge von Mechanismen, von dem *Schatzkästchen*, der im Eierstock eingeschlossenen Eizellen, welche eng aneinandergeschmiegt sind wie Parkettdielen. Wie aber wird die eine ausgewählt, die dann zum Treffen mit der männlichen Zelle aufbrechen kann? Ein schöner Mechanismus, abhängig vom Hormonspiegel im Organismus der Frau.

Alles im Frauenkörper ist für das Kind da und jede Frau kann, ob sie will oder nicht will, ab der

Pubertät jeden Monat Mutter werden, alles in ihr ist bereit. Präzise wie bei einem Uhrwerk.

Die Eizelle befreit sich. Zuerst muss sich in ihr die Chromosomenanzahl reduzieren, denn für das Kind reicht eine Hälfte, die zweite Hälfte kommt vom Vater; das heißt, in ihr muss ein Prozess erfolgen, der von den Hormonen der Hypophyse beeinflusst wird.

Die Frau unterliegt den Naturgesetzen, das passiert in ihr. Man muss unterscheiden zwischen dem, was der Mensch tut, und dem, was in ihm passiert.

Bei der Frau ist es so, dass sie entweder den Mann in ihr *Heiligtum* einlässt, oder ganz im Gegenteil, es nicht erlaubt. Und in ihr passiert nun Folgendes. Die Eizelle, jetzt schon als Gamet, halbiert, wandert in die vorbestimmte Richtung. Sie wandert, obwohl sie über keine Fortbewegungsmittel verfügt. Eine riesengroße Zelle, so groß, dass man sie ohne Mikroskop sehen kann, rund, es muss also einen Fortbewegungsmechanismus geben. Dazu löst sich rund um eine oder mehrere Zellen das Gewebe, so dass ein Hohlraum entsteht. Dieser Hohlraum füllt sich mit Bläschenflüssigkeit, es entsteht ein Follikel. In der Mitte des Follikels befindet sich die Zelle, die herausschwimmt, wenn der Follikel platzt.

Dieser Augenblick, wenn der Follikel platzt, wird Eisprung genannt. Dann befreit sich die Zelle, und weil sie sich nicht selbst fortbewegen kann, muss sie ständig weitergetragen werden. Dazu führen Bahnen vom Eierstock hinunter. Der Eileiter ist am Ende ausgefranst; wenn der Follikel platzt und die Zelle herausschwimmt, fangen sie diese Fransen auf. Ein toller Mechanismus! Weiter gelangt die Zelle durch einen Gang, welcher mit einem beweglichen Epithel ausgekleidet ist. Den ganzen Weg entlang schieben sie Flimmerhärchen weiter, bis hinunter zur Gebärmutter – so wie einen Koffer am Flughafen.

Die Vorbereitungen dazu dauern einige Tage. In dieser Zeit, wenn die Zelle schon aus dem Eierstock gelangt ist, entsteht dort, wo der Follikel war, ein neues Gebilde, welches vorher noch nicht da war – der Gelbkörper. Warum er so heißt? Er ist eben gelb. Zum ersten Mal hat ihn vor mehreren Jahrhunderten ein Chirurg während einer Operation gesehen, der Name blieb ihm dann: *corpus luteum*.

Dieses neue Gebilde hat die Aufgabe, das *Kämmerchen* für das Kind vorzubereiten. Darin ist ein Hormon der Mutter enthalten. Es bewirkt, dass die Gebärmutterwand, die normalerweise ein fester Muskel ist und eine Schleimhaut hat, weich wie ein Polster wird. Wie ein ganz weiches, flauschiges Polster, in welches Blut hineinfließt. Das Blut ist nötig, denn das Kleine wird Nahrung brauchen. Die Eizelle wandert zu diesem *Kämmerchen.* Und weil es das Kind gern warm hat, so hegt und pflegt die Natur es wie ein Gärtner, die Temperatur im Frauenkörper erhöht sich.

Die Eizelle ist nun schon in der Gebärmutter, ist aber noch auf keine Samenzelle getroffen. Noch ist es kein Kind, denn vielleicht ist die junge Frau noch im Teenageralter. Und was passiert? Das ist sehr interessant, denn der Gelbkörper muss den Zustand in der Gebärmutter so aufrechterhalten, dass ein Kind überleben könnte. Der Gelbkörper ist im Durchschnitt 14 bis 16 Tage lang aktiv. So lange wird abgewartet, ob vielleicht ein Kind entsteht.

Es ist, als ob der weibliche Organismus abwartete: „Vielleicht wird es ja doch etwas …“ Er wartet und wartet; wenn nichts daraus wird, verschwindet der Gelbkörper, die Temperatur fällt wieder.

Wenn die Eizelle abstirbt, wird das Blut im Gewebe um sie herum, welches für das Kind vorgesehen war, ausgeschieden. Das kann manchmal schwierig sein, denn es bedarf einer speziellen Hygiene, was manchen Mädchen unangenehm ist und sie zur Überzeugung kommen lässt, es sei leichter, ein Mann zu sein. Und wenn das Mädchen zum Beispiel erfährt: „Es kann weh tun, vielleicht fühlst du dich nicht wohl, musst dich sogar übergeben; wenn die Eizelle abgestoßen wird, kann die Flüssigkeit sogar das Bauchfell lähmen; du kannst Kopfschmerzen haben, die Beine können anschwellen, denn es kommt zu Wasseransammlungen drei oder vier Tage lang; schwimmen gehen darfst du auch nicht … Und später, wenn du verheiratet bist, wird es dir auch weh tun, die Jungfernhaut ist im Weg, es kann zu Blutungen kommen, und wenn du schwanger bist, wächst dein Bauch und ruiniert dir die Figur, dann noch die

Geburtswehen ..." So negativ kann das Frausein dargestellt werden. All das spricht dagegen!

Es kann aber auch alles für das Frausein sprechen: „Wie schön, dass du mit deinem Körper das Leben behütest, und die Eizelle schon wartet."

Man muss den Mädchen die schönen Seiten des Frauseins und der Mutterschaft zeigen.

Und was ist die Rolle des Mannes? Er deponiert seine Zellen im Vorraum, beim Eingang zu diesem *Heiligtum.* Und es beginnt der natürliche Wettlauf der männlichen Zellen in Richtung weiblicher Zelle. Wo treffen sie aufeinander? Das bleibt ein Geheimnis.

Wenn die Zellen aufeinandertreffen, verbindet sie der Heilige Geist, haucht ihnen Leben ein und es entsteht ein Kind.

Am Beginn des Menschenlebens gibt es zwei unerlässliche biologische Tatsachen. Eine ist die körperliche Vereinigung von Vater und Mutter. Das ist ihr Handeln, ihre Verantwortung und ihre Entscheidung. Aber das ist alles, mehr können sie nicht tun. Es ist jedoch noch kein Kind, niemals. Damit es ein Kind werden kann, muss die zweite biologische Tatsache folgen, von welcher die Medizin sagt: „Kräfte der Natur", nämlich die Vereinigung der Zellen des Vaters und der Mutter. Für gläubige Menschen ist dies der Augenblick, in welchem der Heilige Geist Leben einhaucht und die Zellen verbindet. Jetzt ist ein neuer Mensch entstanden.

Nach der Medizin verbinden sich die Zellen durch Kräfte der Natur. Aber die Kräfte der Natur stehen nicht im Widerspruch zu Gottes Gesetzen, denn Gott hat sie geschaffen. Der Zeitpunkt bleibt aber ein Geheimnis. Niemand weiß, wann das Kind entsteht. Die Frau spürt es nicht. Sie weiß nur von der Zusammenkunft mit dem Mann. Es kann sein, dass das intime Beisammensein des Ehepaares zum Beispiel am Samstagabend stattfindet und das Kind um Mitternacht oder am Sonntag empfangen wird oder erst am Montag, Dienstag oder sogar am Mittwoch darauf.

Das ist unabhängig vom Zeitpunkt des Beisammenseins, die Eheleute haben keinen Einfluss darauf, obwohl sie dies gerne möchten. Sie möchten Gott dreinpfuschen oder das Kind erzwingen. In gewissem Sinn möchte die Schöpfung dem Schöpfer Gewalt antun.

Dieses kleine Lebewesen, so groß wie ein Stecknadelkopf, wandert weiter und möchte sich in das vorbereitete Polster in der Gebärmutter einnisten. Das könnte es eigentlich nicht, denn es besitzt die Hälfte des Gewebes vom Vater, und das heißt fremdes Eiweiß, und der Körper der Mutter würde dieses fremde Eiweiß abstoßen.

Alle Kinder würden von der Mutter abgestoßen werden, wenn es vom Schöpfer nicht so genial eingerichtet worden wäre, dass dieser klitzekleine Mensch, so groß wie ein Stecknadelkopf, schon ein eigenes Hormon produziert. Es verändert die biochemische Zusammensetzung der Gebärmutter so, dass die Mutter das Kind annimmt und das Kind sich in der Gebärmutter einnisten kann. Die Mutter nährt es über die Plazenta und die Nabelschnur. So entwickelt sich das Kind volle neun Monate lang.

Das Böse regiert jedoch über die Welt, es regiert über die moderne Medizin und hat eine Möglichkeit gefunden, wie künstlich hergestellte Hormone das Hormon des Kindes blockieren können. Wenn also eine Frau die Abtreibungspille RU-486 schluckt, kann das Kind in der Gebärmutter sein Hormon nicht ausbilden und stirbt an Hunger, weil es sich nicht einnisten kann. Um ganz sicherzugehen, dass das Kind wirklich abstirbt, wird der Frau geraten, eine zweite Pille zu schlucken. Damit führen sie den Hungertod des Kindes herbei.

Ohne Arzt, ohne einen Chirurgen bezahlen zu müssen, vielleicht ohne, dass jemand erfährt, was geschehen ist. Eine etwas stärkere Blutung, die Frau denkt sich, „so eine starke Regel"; in Wirklichkeit ist es ein Blutsturz, denn gleichzeitig mit dem Blut wird auch das Kind ausgestoßen. Geräuschloses Töten! Weltweit gibt es bereits Millionen dieser Fälle. So viele Frauen schlucken diese Pillen und ihre Hersteller verdienen Unsummen damit.

Sie aber, die Mutter, weiß, was sie getan hat, sie hat das Kind getötet.

Wie kann sie es nicht wissen?

Diese kontrazeptive Haltung richtet sich gegen die Empfängnis und bedeutet gleichzeitig auch eine antinatalistische Haltung – sie möchte kein Kind auf die Welt bringen.

Eigentlich ist dieses angebliche Empfängnisverhütungsmittel der heutigen Medizin nicht wirklich gut gelungen, denn die *conceptio*, die Empfängnis neuen Lebens, ist ein Geheimnis Gottes. Der Mensch weiß nicht, wann und wo sie stattfindet. Die Frau weiß es auch nicht, wenn sie es erfährt, schlägt bereits das Herz des Kindes.

Da die Medizin in die Befruchtung nicht eingreifen kann, stellt sie Mittel her, die sie Verhütungsmittel nennt. Diese werden in zwei Gruppen aufgeteilt. Die eine verhindert das Heranreifen von Eizellen bei der Frau, das heißt, sie macht zeitweise unfruchtbar. Zeitweise, es kommt aber manchmal vor, dass sie für immer unfruchtbar bleibt. Die andere führt wie die Abtreibungspille RU-486 zum Abortus, zum vorzeitigen Abgang des Kindes. So wirkt auch die Spirale. Sie wird in der Gebärmutterwand angebracht, reizt sie und bewirkt das Gleiche, nämlich eine Abstoßung. Sie stößt den Fremdkörper ab.

Wenn man sich zum Beispiel am Abend einen Splitter in die Ferse eintritt und es nicht gelingt, ihn zu entfernen, dann entsteht bis zum Morgen rund um diesen Splitter eine Entzündung. Den sogenannten Eiter kann man problemlos mit diesem Splitter entfernen. Ohne Chirurgen, wenn er nicht allzu groß ist. Wenn die Wunde aber von einer Gewehrkugel stammt, gelingt dies nicht mehr. So funktioniert die Abstoßung von Fremdkörpern. Genauso stößt die Gebärmutter einen Fremdkörper ab – durch die Spirale. Das heißt, sie versucht, das zu tun.

Frauen unterziehen sich all diesen Maßnahmen, nur um keine Kinder zu haben und die Nidation, das Einnisten der befruchteten Eizelle, zu verhindern, sodass sie abstirbt.

Die Mutterschaft verlangt von Frauen vielleicht manchmal Heldentum. Das Schicksal von alleinstehenden jungen Müttern, die ihr Kind nicht getötet haben, zeigt jedoch, dass Gott diese Frauen dafür belohnt, dass sie ihr Kind nicht getötet haben, und dieses Kind, wenn es auch ungewollt war, später oft die größte Freude dieser Frau wird. Manchmal auch für den Vater.

Doch alle jungen Frauen aus meiner Kartei, die schwanger wurden und abgetrieben haben, haben sich von diesem Mann getrennt. Und auch Ehepaare lassen sich nach einer Abtreibung meist früher oder später scheiden. Nur in Ausnahmefällen hält die Ehe.

Warum wollen Menschen keine Kinder?

Der Mensch geht doch die Ehe deswegen ein, um eine Familie zu gründen. Manchmal führt der Egoismus der Frau dazu, dass ein weiteres Kind abgelehnt wird. Das erste Kind wird ein wenig wie eine Puppe zum Spielen betrachtet, ein weiteres will sie aber nicht.

In der Enzyklika *Humanae vitae* findet sich auch eine Aussage zum Thema Fruchtbarkeit, nämlich, dass die eheliche Liebe den ganzen Menschen umfassen soll, das heißt sowohl den Körper als auch die Seele. Sie muss fruchtbar sein und großzügig in der Fruchtbarkeit.

Karol Wojtyła hat als Bischof das siebte Kind eines jeden Ehepaares persönlich getauft, er hat damit den Wert kinderreicher Familien betont.

Die Elternschaft ist vor allem eine Belastung für die Mutter und deshalb sollte der Mann die Frau schützen. Denn die Last der Mutterschaft ist für eine Person zu schwer.

Immer noch herrscht in der Gesellschaft eine negative Haltung der Mutterschaft gegenüber sowohl bei Ärzten als auch bei Vätern, im Rechtssystem und in der allgemeinen Meinung. In ganz Europa wird eine aggressive kontrazeptive und antinatalistische Propaganda gemacht. Das gibt es in Afrika nicht, dort wird das Kind immer noch als das höchste Gut angesehen. Auch in Asien gibt es das im Allgemeinen nicht. Aber in Europa ist man ganz gegen das Kind eingestellt und deswegen stirbt es aus. Wenn das so weitergeht, dann werden weiße Menschen bald im Freilichtmuseum ausgestellt, denn die Welt wird aus gelb- und schwarzhäutigen Menschen bestehen.

Und die Frau ist die Wächterin der Menschheit, deren Fortbestand schließlich von den Müttern abhängt. Aber moderne Frauen scheinen dies nicht zu verstehen.

Verantwortung für die Jugendjahre

Du kannst auf dein Inneres nicht verzichten. Das ist eine große Gefahr, die dem Menschen immer droht, in der Jugendzeit droht. Die Gnade eures Alters liegt im Erwachen des inneren Menschen. Man darf ihn nicht auslöschen!

Johannes Paul II. *(Tschenstochau, 6. Juni 1979)*

Die Zeit der Pubertät ist schwierig, aber gewissermaßen der wichtigste Abschnitt beim Heranwachsen, besonders für Mädchen. Bei ihnen beginnt etwas Neues. Hormone beginnen zu arbeiten, sie öffnen das *Schatzkästchen* und bereiten das *Kämmerchen* vor. Diese gegensätzlichen Hormone haben Einfluss auf ihr Verhalten. Mädchen bzw. junge Frauen sind Reizen unterworfen, die sie nicht verstehen, sie werden unruhig. Und es werden in ihnen verschiedene Bedürfnisse geweckt. Sie sind keine Kinder mehr, aber noch keine Frauen. Sie sind emotional viel empfindlicher. Sie spüren, dass sich etwas in ihnen verändert, sie wissen nicht genau, was, aber eines wissen sie: Sie möchten von jemandem geliebt und akzeptiert werden.

Wenn man pubertierende Mädchen beobachtet, kann man feststellen, dass fast alle eines gemeinsam haben – sie möchten akzeptiert und wahrgenommen werden.

Alle Menschen wünschen sich dies, alle Frauen und Männer auch, obwohl die Männer das nicht so zugeben. Frauen wünschen sich immer, verstanden zu werden, aber in der Pubertät ist dieser Wunsch besonders stark.

Bei Treffen mit jungen Frauen zeichne ich ihnen oft ein symbolisches Bild auf die Tafel – ein großes Herz mit einem großen Ohr und einem Magnetfeld. Sie möchten als Ganzes geliebt werden und dieses Bedürfnis des Herzens hängt von ihrer Situation ab.

Wenn das Mädchen Vater und Mutter hat und vor allem einen Vater – der erste Mann im Leben eines Mädchens soll nämlich der Vater sein, der es vor sich selbst und vor jungen Männern warnt und auf es aufpasst –, dann ist dieses Bedürfnis nach Anerkennung befriedigt.

Aber wo gibt es Väter, die sich mit 12-jährigen Mädchen beschäftigen? Es gibt sie, aber ... nicht immer. Wenn es keine echte Vaterfigur gibt, kann das Mädchen Anerkennung im schulischen Umfeld finden, wenn es von seinen Schulkolleginnen gemocht wird. Wenn es gute Noten hat, wird es geschätzt, gelobt und erhält eine Auszeichnung. Das stillt seine Sehnsucht ein wenig.

Was aber, wenn es keinen Vater zu Hause gibt, wenn es auch nicht friedlich zugeht und es in der Schule nur Probleme und schlechte Noten gibt?

Dann gibt es noch ein Hilfsmittel, fast alle Frauen wenden es an: den Spiegel! Manche tragen ihn ständig in der Tasche bei sich. Darin kann das Mädchen sehen, dass es hübsch ist. Und sich damit trösten.

Diese junge Frau kann aber genauso gut feststellen, dass sie hässlich aussieht: „Da habe ich Pickel auf der Nase, dort wächst auch etwas." Das ist unreine Haut bei Jugendlichen, Akne, Pubertäts-Akne. „Was für ein Unglück!" Und wenn sie Pickel im Gesicht hat, geht sie um nichts in der Welt in die Schule.

Und wenn alle Faktoren gleichzeitig auftreten, „ist es eine Katastrophe", die Jugendlichen reagieren mit Frustration und Depression. Dann geht so eine arme junge Frau mit diesem Herzen und Ohr herum und irgendein Adam nähert sich und gerät in ihr Magnetfeld.

Im Magnetfeld: Dieser Magnet zieht an! Was zieht er an? Ein Magnet zieht Eisen an, jedes Stück Eisen – auch einen verrosteten, verbogenen Nagel. Egal welcher Mann, wenn er nur Hosen trägt, sogar vielleicht zufällig groß ist, singt und noch Gitarre spielt, dann ist es um sie geschehen! Sie reagiert sensibel und ist überzeugt, wenn er sich ihr nähert, wird er sie akzeptieren. Er aber geriet rein zufällig in dieses Magnetfeld und die junge Frau schmiegt sich bereits an ihn, sogar auf der Straße. Sie schmiegt sich an ihn, sitzt auf seinen Knien in der Straßenbahn oder im Zug. Dann sagt er ihr schon etwas in dieses Ohr.

Was? Im heutigen Jugendjargon gibt es verschiedene hässliche Ausdrücke dafür. Und sie ist schon bereit, alles zu tun, was er will, die junge Frau hat „ihren Freund" gefunden, gibt ihm alles. So sind sie wirklich, die jungen Frauen. Weil er es möchte, gibt sie es ihm, denn sie vertraut ihm schon, sich selbst versteht sie aber nicht.

Die 18-jährige Christine, Abiturientin, ist schwanger … Ich fragte sie: „Christine, wie ist das passiert?" Und sie antwortete mit folgendem schönen Satz, den ich hier für alle wiederhole: „Ich wollte ihm alles geben, aber er hat nur meinen Körper genommen." Und ließ sie sitzen. Christine hat ein Kind auf die Welt gebracht, es wurde zur Adoption weggegeben.

Ich fragte sie: „Christine, hat er dir gesagt, dass er dich liebt?" Und sie darauf: „Nein, aber er hat mich so geküsst …"

Naive Frauen! Wenn er sie küsst, ist sie schon sicher, dass er sie liebt, dass er sie auserwählt hat. Er genießt die Annehmlichkeit und macht das mit – jeder so, nützt jede Gelegenheit. Ein 19-jähriger Junge aus Krakau hat mir erzählt, er habe nie ein Mädchen getroffen, das er nicht küssen konnte. Ich fragte ihn, ob er alle küsst. „Nein, ich suche sie mir aus, und wenn ich sie ausgesucht habe, so ist sie schon mein."

Und das ist wirklich wahr, junge Frauen lassen sich von jedem bei jeder Gelegenheit küssen, umarmen, lassen den jungen Mann in ihren Körper hinein und glauben, wenn er sie in den Arm nimmt, so habe er sie schon auserwählt. Sie überlegen nicht, wozu er sie auserwählt hat, dass dies nur für eine Nacht ist!

Für eine Nacht … oder sogar nur für eine Stunde.

Sie nimmt sein Verhalten als Beweis, dass er sie auserwählt hat, und fühlt sich bereits aufgewertet: Jemand hat sich in sie verliebt und sie gefällt jemandem.

Um ihm noch mehr zu gefallen, malen sich Mädchen alles an, was sie nur können. Wenn es gerade modern ist, die Zunge mit einem Ring zu piercen, lassen sie die Zunge piercen; wenn in den Nabel, dann in den Nabel, und wenn ins Ohr, dann lassen sie das Ohr piercen … Malen an, was das Zeug hält, Augenlider, Fingernägel, Fußnägel. Alles macht die kleine Eva für diesen Adam, nur damit er auf sie aufmerksam wird. O diese Armen! Bedauernswerte, arme Mädchen.

Die Dummheit der Mädchen in der Zeit des Heranreifens hat keine Grenzen und daran führt kein Weg vorbei.

Meine Generation blieb davon verschont, denn

es herrschte Krieg, wir hatten keine Zeit für Dummheiten.
Das Bedürfnis zu gefallen und anerkannt zu werden, ist nicht das einzige Bedürfnis des Frauenherzens. Darüber hinaus möchte die junge Frau noch mehr, nämlich verstanden werden. Sie versteht sich selbst nicht, erwartet aber, verstanden zu werden.

Plötzlich ist sie traurig. Plötzlich regt sie sich auf, ist wütend, hat Wehwehchen, hier zwickt es, dort zwackt es, sie ist so unruhig. „Wer versteht mich?" Früher haben Mädchen Tagebuch geschrieben, manchmal erhielt ich welche von Mädchen anvertraut. Bis heute schreiben sie mir Briefe.

Sie würden gerne jemandem etwas über sich erzählen, aber da gibt es niemanden, weil die Eltern normalerweise heutzutage keine Zeit haben, um mit ihrer Tochter zu reden, sie müssen Geld verdienen. Wer hat also Zeit, um mit Mädchen in der Pubertät zu reden? Manchmal unterhält sich das Mädchen mit seinen Freundinnen, aber es kann vorkommen, dass eine Freundin, wenn es ihr ein Geheimnis anvertraut, dies sofort einer zweiten Freundin verrät, und dann hat sie keine Freundin mehr, sie hassen einander.

„Niemand versteht mich."

Die Lehrerin in der Schule versteht es nicht, es erhält schlechte Noten. Die Mutter zu Hause befiehlt der Tochter abzuwaschen, sie versteht sie auch nicht. Sie bleibt unverstanden und dann erscheint plötzlich dieser Adam. Er gerät in ihr Magnetfeld. Und was dann? Nichts weiter. Er sagt nichts, drückt sie an sich. Und sie glaubt, dass er alles versteht, weil er „sie so geküsst hat". Sie redet und er hört ruhig zu, er hört zu und macht dann, was er will. Es kümmert ihn nicht, was sie sagt. Manchmal reden Ehefrauen so die halbe Nacht und der Ehemann schläft ein. Sie möchte reden und reden, möchte verstanden werden. Aber so wirklich kann kein Mann jemals eine Frau ganz verstehen. Frauen jedoch erwarten stets genau das.

Das sollen sie nicht fordern. Männer können sie nicht verstehen, weil sie Männer sind und ganz anders reagieren. Sie verstehen nichts.

„Worum geht es ihr? Was nörgelt sie dauernd?", fragen Ehemänner manchmal. Sie sehen kein Problem, sie können es nicht verstehen.

Im Polnischen gibt es ein schönes Gedicht über eine grüne Gurke, die im Gurkenglas gerne wie eine Nachtigall singen möchte, aber nicht kann. Gleichgültig gehen wir alle an so mancher Gurke vorbei, die singen will. So gerne möchten wir Frauen verstanden werden.

Auch wenn der Mann die Frau gern verstehen möchte, tut er es nicht, denn er sieht alles ganz anders. Frauen unterscheiden sich in allem von Männern, in jedem Satz, in jedem Gedanken. Alles ist bei ihr anders. Dieses Anderssein fasziniert ihn am Anfang und langweilt ihn dann in der Ehe, aber das ist eine andere Geschichte, davon später. Jetzt geht es um junge Frauen.

Die junge Frau möchte, dass ihr Freund sie versteht, und lässt sich ausnützen und betrügen. Das ist aber nicht alles. Es gibt noch ein weiteres Bedürfnis, das viel stärker ist und unterschwellig. In ihr ist alles zur Mutterschaft bereit, sie kann Mutter werden. Die junge Frau weiß überhaupt nichts davon und denkt nicht daran. Wenn jedoch ein Kind entstehen kann, muss sich das Kind ja irgendwo aufhalten. In ihr wächst unbewusst das Bedürfnis nach Stabilität und Sicherheit.

„Jemand soll bei mir sein."

Wer? Na dieser Adam, sie möchte ihn haben und bei sich behalten.

Hier möchte ich die leichtsinnigen Ratschläge von Erwachsenen erwähnen – ich habe mitunter sehr dumme Aussagen von Müttern gehört. Eine hat zu ihrer Tochter gesagt: „Weißt du nicht, wie du ihn an dich binden kannst?!" Und das Mädchen wurde schwanger, der junge Mann ließ sie sitzen.

In Toruń wurde einmal eine Umfrage unter Studentinnen durchgeführt. 65 % von ihnen gaben an, dass sie den Geschlechtsverkehr aufnahmen, weil sie dachten, so den Jungen für immer halten zu können. Denn im Allgemeinen kann sich eine junge Frau ein Leben ohne Mann nicht vorstellen.

Man muss ihr zeigen, dass sie ein selbstständiger Mensch ist. Manchmal hört man Aussagen von Psychologen, die von einer zweiten Hälfte sprechen. Der Mensch sei irgendwie nur halb und suche die zweite Hälfte, welche genau zu ihm passe.

Der Mensch ist nicht halb! Er ist eine eigenständige Person, sowohl die Frau als auch der Mann. Nicht sie selbst sind Hälften. Es geht um „Gameten-Hälften“ die für die Entstehung von Kindern nötig sind.

Die junge Frau aber ist auf der Suche. Und ohne jungen Mann kann sie weder auf eine Party noch spazieren gehen oder einen Ausflug machen. Sie muss mit einem jungen Mann dorthin. Seit der Vorschule bildete man aus Kindern Paare und so möchte die junge Frau nur eines erreichen, einen jungen Mann finden, mit dem sie „ein Paar bildet“. Und sagt: „mein Freund“. Aber das ist nicht richtig, er kann nicht „ihr Freund“ sein. Die einzige Situation, die es ihr erlaubt, „mein“ zu sagen, ist dann, wenn er ihr Ehemann ist, wenn Gott ihr diesen Mann im Sakrament der Ehe gegeben hat. Nie aber „mein Freund“ und niemals „meine Freundin“!

Das Bedürfnis nach Stabilität ist unterbewusst. Man muss das klar unterscheiden, die blutjunge Frau möchte ganz und gar nicht Ehebruch begehen, obwohl sie sich an den jungen Mann heranmacht. Sie provoziert vielleicht aus einem Impuls heraus, und so wie Motten zum Licht fliegen, sucht sie einen Mann. Sie weiß nichts, aber provoziert selbst, denn in ihrem Körper ist alles für die Mutterrolle bereit. Und deswegen darf ein junger Mann eine junge Frau nicht nehmen, die ihm auf den Knien sitzt.

Ein ehrlicher Mann sollte eine junge Frau vor ihr selber schützen. Deswegen ist der Vater so notwendig, damit er die Tochter warnt und ihr sagt: „Sie werden dich nehmen wollen wie ein Spielzeug, lass das auf keinen Fall zu!"

Aber in ihr fühlt sich alles zu dem jungen Mann hingezogen.

Heutzutage ist es modern, dass Mädchen hinter Jungen herfliegen. Wortwörtlich! Sie ermuntern die Jungen, sie machen sich an sie heran, sie verabreden sich, schicken SMS, hunderte SMS. Pausenlos suchen sie nach einem Jungen, denn wenn es keinen gibt, dann fühlen sie sich wertlos, hässlich, unattraktiv und insgesamt verloren im Leben. Und wenn eine junge Frau um Gottes willen 25 Jahre alt ist und noch keinen Freund hat, so ist sie schon eine alte Jungfrau und was wird sie nur tun? Sie kann sich nicht vorstellen, dass sie ein unabhängiges Leben führen könnte.

Aber in Wirklichkeit lebt jede Ehefrau allein und jeder Ehemann lebt allein, sie haben nur gemeinsam Geschlechtsverkehr. Jeder kommt allein auf die Welt und stirbt allein.

Der Mensch soll seine Berufung erkennen und deswegen brauchen junge Leute Unterstützung, Vorbilder zum Nachahmen, damit sie ihre Identität als

Kinder Gottes und das eine wahre Ziel im Leben entdecken – eine geglückte Ewigkeit.

Dies müssen sie aber von Erwachsenen erfahren.

Zwei gegensätzliche Frauenbilder – Eva und Maria

Mutter Gottes (…), gestalte unsere Herzen, damit wir wissen, welche Liebe echt ist und wie wir sie von scheinbarer Liebe unterscheiden können. Damit wir uns in der Jugendzeit und in der Ehe von falschen Propheten nicht überreden lassen (…).

Johannes Paul II. *(Łomża, 4. Juni 1991)*

Eine junge Frau muss ihren eigenen Weg in den Himmel finden und den Sinn des Lebens so verstehen, dass es sie in den Himmel führt.

Nicht grundlos hat Johannes Paul II. fünf Schriften an die Frauen gerichtet. Sie sollten verstehen, worauf die wahre Rolle der Frau beruht. Es lohnt sich unbedingt, sie zu lesen, denn sie sind Anleitungen zum Leben. Und als die Vereinten Nationen 1994 das Jahr der Familie ausgerufen haben, ist Johannes Paul II. mit diesem Strom mitgeschwommen und hat zu Neujahr seine Botschaft über die Rolle der Frau in der Erziehung schriftlich herausgegeben – den Brief an die Frauen mit dem Titel *Die Frau: Erzieherin zum Frieden.*

Es war Eva, die Adam zur Sünde verführt hat. Die Menschheit wäre durch den Ungehorsam Gott gegenüber bis ans Ende aller Tage verloren, wäre da nicht Maria, die Jungfrau aus Nazareth, gewesen, die ohne zu zögern sagte: „Fiat". Ihre Situation ist außergewöhnlich, trotzdem fragt sie: „Wie soll das geschehen, da ich keinen Mann erkenne?" Sie versteht nichts, außer, dass sie Mutter werden soll. Sie weiß nicht was, sie weiß nicht wie, aber sie sagt: „Es geschehe … Ich bin des Herren Magd …"

Deshalb nannte Johannes Paul II. die Frau „Dienerin des Lebens". Sie dient dem Leben und hat dem Leben zu dienen. Um das schließlich zu verstehen, muss sie die Rolle Adam gegenüber erfüllen. Er muss Vater werden und nicht Liebhaber, er muss die Verantwortung für das Leben der Mutter und des Kindes übernehmen und nicht mit ihr spielen.

Die Frau muss ihre Würde wiederfinden.

Heutzutage schätzen junge Männer Mädchen nicht. Männer schätzen Frauen nicht. Ehemänner schätzen ihre Ehefrauen nicht. Wertschätzung gebührt aber jeder menschlichen Person schon im Hinblick auf deren Abstammung von Gott, denn jeder Mensch ist ein Kind Gottes.

Zur Würde der Elternschaft heißt es im vierten Gebot, du sollst Vater und Mutter ehren, denn die

Eltern sind Mitwirkende am Schöpfungsplan Gottes. In der Enzyklika *Humanae vitae* (1) nennt sie Paul VI. *Mitarbeiter des Schöpfergottes.* Deshalb müssen wir unabhängig davon, wie unser Vater und unsere Mutter sind, diese schätzen und ehren.

Doch wenn man jungen Männern die Frage stellt: „Warum schätzt du Mädchen nicht?", antworten sie: „Weil sie sich selbst nicht schätzen."

Die heute so moderne Pornographie erniedrigt die Frau … Zur Heiligen Messe kommen Mädchen oft so gekleidet, dass sie in den Petersdom oder in die Kirche San Giovanni Rotondo nicht hineindürften, man würde sie nicht hineinlassen. Nicht deswegen, weil der menschliche Körper etwas Böses ist, sondern weil ihre Kleidung oftmals unangemessen ist.

So gekleidet würden sie nicht zum Abitur gehen. Dort haben alle Mädchen weiße Blusen an; auf der Straße erscheinen sie gekleidet wie am Strand und gehen sogar halbnackt in die Kirche.

Das Schamgefühl wird immer weniger. Die Frauen haben jegliches Schamgefühl verloren. Sie sind schamlos und haben nicht dieses Feingefühl, diese natürliche Anmut eines Mädchens, weil sie sehr früh ihre Jungfräulichkeit verlieren und damit das Schamgefühl. Es ist schwierig, Mädchen so zu erziehen, wie Männer sie eigentlich haben möchten. Es ist nicht wahr, dass Männer wollen, dass ihre Ehefrauen sich nackt zeigen. Natürlich bedienen sie sich gern eines halbnackten Mädchens, aber wenn sie heiraten wollen, suchen sie eine Jungfrau, die sie dann häufig nicht finden.

Es zeigt sich also, dass es kein richtiges Frauenbild gibt. Die Frau soll diejenige sein, die Gott dient und die geistige Wirklichkeit offenbart. Es gibt zwei gegensätzliche Frauenbilder– Eva und Maria. Die eine verführt Adam zur Sünde. Die andere dient Gott und hört auf ihn.

Nach welchem Muster eine Frau ihr Leben ausrichtet, hängt von ihr ab. Der Mensch ist nicht heilig, sondern für das Böse anfällig, der Widersacher ist immer in der Nähe. Wir Menschen sind uns oft nicht bewusst, dass wir uns in gewissem Sinne ständig im Kampf befinden.

Der Kampf gegen das Böse ist ewig und das Erste, was vom Satan angegriffen wird, ist die Ehe, weil sie am besten Gottes Plan verwirklicht. Die Elternschaft ist nämlich Gottes Plan und ein Zusammenwirken mit Gott. Deswegen greift der Widersacher vor allem junge Menschen und Ehepaare an – zwei Werte, die im Vordergrund stehen.

Junge Menschen, weil noch orientierungslos, sowie Ehepaare als wertvollstes Werk Gottes sind in Gefahr.

Und das Schicksal des Mädchens hängt davon ab, an welchen jungen Mann es gerät. Denn wenn sie ihre Jungfräulichkeit verliert, was dann?

Dieses feine Jungfernhäutchen hat keine physiologische Bedeutung, sehr wohl aber eine symbolische. Ein Symbol, dass da vorher etwas war, was niemals wieder so sein wird. Die Jungfräulichkeit verliert man nur einmal im Leben, jede Frau erinnert sich an diesen Augenblick und wird sich bis an ihr Lebensende daran erinnern. Und sicher auch über ihren Tod hinaus, denn in der Ewigkeit geht nichts verloren. Alles, was war, bleibt bestehen.

Wenn etwas nur ein einziges Mal im Leben passiert, dann muss man dem unbedingt besondere Bedeutung beimessen.

Den Wert der Jungfräulichkeit hat Johannes Paul II. gegenüber Jugendlichen, sowohl Jungen als auch Mädchen, besonders hervorgehoben. Nicht ohne Grund hat er in Tarnów die kleine Karolina Kózkówna seliggesprochen, die lieber sterben wollte als ihre Jungfräulichkeit zu verlieren, und das ist gegenläufig zum aktuellen Trend in der Welt, der in eine ganz andere Richtung zeigt. Heutzutage kann man in Jugendzeitschriften lesen, dass man möglichst schnell die Jungfräulichkeit verlieren soll und wie man den Orgasmus vor der Ehe übt, Anleitung zu Unzucht und Unmoral. Eine Karikatur des Menschen und der menschlichen Liebe. Und der Ehe.

In seinen Schriften schreibt Johannes Paul II. über die Rolle der Frau in der Erziehung.

Denn sie muss den Mann zur Reinheit erziehen, damit er sieht, dass sie nicht nur einen Körper hat, sondern auch eine Seele. Und sie, was verlangt sie von ihm? Heutzutage will sie Geld von ihm, sowohl als Mädchen als auch als Ehefrau. Natürlich braucht man Geld, aber aus meiner Eheberatung weiß ich, dass bei Ehepaaren viel Unglück verhindert hätte werden können, wenn die Frau dies nicht von ihrem Mann verlangt hätte – diese vielen finanziellen Forderungen und viele Dinge, die überhaupt nicht notwendig sind.

Die Ehe scheitert nicht wegen Armut oder Geldmangels. Sie scheitert, weil die Eheleute ihre Liebe nicht entwickeln.

Das Problem besteht darin, was Eva von Adam erwarten soll und was die moderne Eva ihrem Adam gibt. Sie erwartet von ihm materielle Leistungen und gibt ihm Materielles, ihren Körper, manchmal treibt sie geradezu Handel mit diesem Körper.

Man muss zugeben, dass ein Großteil der Sünden der Mädchen auf deren aufrichtigen Wunsch, geliebt zu werden, zurückzuführen ist. Die junge Frau hält es für ein Zeichen ihrer Liebe, dass sie ihm ihren Körper schenkt. Sie möchte ihm alles geben, hat aber nicht das Recht ihm alles zu geben. Sie darf ihm nur das geben, was ihm hilft, in den Himmel zu gelangen, sie darf ihm also nicht ihren Körper geben. Sie ist nicht seine Ehefrau, hat also nicht das Recht dazu und tut es doch.

Der Bericht des Päpstlichen Rates für die Familie aus verschiedenen Ländern, auch aus Polen, zeigt die erschütternde Lage. Daraus geht hervor, dass die große Mehrheit der Paare, die kirchlich heiraten wollen, nicht nur verlobt sind, sondern Eltern eines bereits empfangenen Kindes. Bereits vor der Ehe begehen Menschen Ehebruch. Sie beginnen ihren Lebensweg schon mit einer Todsünde, dem Ehebruch, und über den jungen Mann sagt man oftmals: „Er muss heiraten."

Die Sünde zu Beginn spiegelt sich im weiteren Schicksal der Ehe wider.

Wie kann man diese Kette von Unrecht und Sünde aufhalten?

Johannes Paul II. unterstützte alle Initiativen von Laien, die sich um die Umsetzung der schönen, reinen Liebe kümmern und sich bemühen, bewusst Heiligkeit zu erlangen. Denn natürlich gibt es eine Lösung für dieses Problem, es gibt das Sakrament der Buße, es gibt den Himmel, der hilft, Gott selbst will dem Menschen immer helfen. Aber die Menschen müssen sich selbst aus dem Geist neu schaffen wollen, das Leben als bewusstes Streben zur Heiligkeit führen wollen, das eigene und das der Familie.

Es gibt immer einen Ausweg: durch Demut, durch Beichte, durch Umkehr – *Metánoia*. Ändere dein Leben!

Das geht nicht ohne Schwierigkeiten und ist nicht von heute auf morgen möglich, aber man soll sich dessen bewusst sein: Wir wollen das heute doch ein wenig besser machen als gestern. Das ist das Änderungsprogramm in Richtung Heiligkeit.

Die letzte Aussage von Johannes Paul II. an Jugendliche in Toronto war genau zu diesem Thema: „Gebt euch nicht mit Mittelmäßigkeit zufrieden, strebt nach dem Ideal! Und wenn niemand das von euch verlangt, verlangt es selbst von euch."

Ein Programm nicht nur für junge Menschen, sondern für alle.

Verantwortliche Elternschaft

... die einzige akzeptable „Methode", die Empfängnis in ehelichen Beziehungen zu regeln, ist die Enthaltsamkeit. Wer eine Konsequenz nicht will, meidet die Ursache.

Karol Wojtyła, *Liebe und Verantwortung*

Jedes Ehepaar hat seinen Rhythmus des intimen Beisammenseins, der von vielen Faktoren abhängt und ihr eigenes Geheimnis und gleichzeitig ein Geheimnis des Schöpfergottes bleibt.

Dank meiner Erfahrungen aus 60 Jahren Arbeit in der Eheberatung weiß ich, dass Menschen, die den Verlust eines Kindes durchmachen mussten, niemals über Abtreibung nachdenken. Sie wissen, welch wertvoller Schatz ein Kind ist. Und junge Menschen, die heiraten, denken manchmal überhaupt nicht an ein Kind, nur daran, mit dem anderen zusammenzusein. Gott schenkt ihnen ein Kind, das für sie eine Überraschung ist, und sie sind nicht immer bereit, es anzunehmen.

Doch immer wieder kann sich die Notwendigkeit ergeben, den Geschlechtsverkehr in einem bestimmten Zeitraum einzuschränken oder ganz darauf zu verzichten. So wie bei einer Ehefrau, der Schwester eines Priesters, die vier Fehlgeburten hatte. Mein Ratschlag an sie war, sich eine Zeitlang des Geschlechtsverkehrs zu enthalten. „Zuerst muss, wenn möglich, die Ursache herausgefunden werden, warum die Kinder tot zur Welt kommen, das gehört genau untersucht."

Möglicherweise leidet die Frau an einer langwierigen Krankheit und der Verstand sagt, dass sie jetzt nicht Mutter werden sollte. Das heißt jedoch nicht, dass das Ehepaar ganz auf Geschlechtsverkehr verzichten muss. Die eheliche Vereinigung ist Ausdruck ihrer Liebe, sie ist ihr Vorrecht, gegenseitiges Geschenk. „Wer seinen Gatten wirklich liebt, liebt ihn um seiner selbst willen (…). Und es ist seine Freude, dass er ihn durch seine Ganzhingabe bereichern darf" (Enzyklika *Humane vitae* 9).

Manchmal haben Menschen Gründe, die Empfängnis zu vermeiden; dann fürchten sie sich „vor einem Kind". Das ist eine irrationale Angst, weil es doch dieses Kind noch nicht gibt. Solange sie sich entscheiden, keinen Geschlechtsverkehr zu haben, kann es keines geben. Worum also geht es?

Ehepaare haben dieses Vorrecht von Gott, dass sie Mitwirkende am Schöpfungsplan sind. Von ihnen hängt es ab, ob es Kinder gibt. Die Angst vor einem Kind ist eine neuzeitliche Krankheit. Ehepaare sind verpflichtet, Kinder zu haben, aber es muss eine verantwortliche Elternschaft sein.

Einmal fragte ich Johannes Paul II., ob sich die heutige Kirche nicht zur Verpflichtung der Ehepaare bekenne, Kinder in die Welt zu setzen? Er antwortete: „Sie bekennt sich dazu, sie bekennt sich, keine Angst!"

Aber Priester sprechen es heute nicht klar aus, dass Ehepaare verpflichtet sind, Kinder zu haben.

Heutzutage pochen Menschen auf ihr Recht, selbst zu entscheiden. Viele gläubige katholische Ehepaare begehen diese Sünde, sie vernachlässigen diese Verpflichtung; es mangelt an Liebe, die sich auch durch das Kind zeigt. Hauptsächlich aber nicht aus dem Grund, dass es objektive Hindernisse gibt, sondern mitunter aus Bequemlichkeit, Egoismus und aus materiellen Gründen. Wenn man nämlich nur ein Kind hat, kann man zum Beispiel ein Auto kaufen, und wenn man fünf Kinder hat, fehlt das Geld dafür. Man muss immer erkennen, warum ein Ehepaar kein weiteres Kind haben möchte – will es keine haben, oder soll es jetzt keine haben?

Sehr oft sind die Gründe hierfür jedenfalls nicht unbedingt *Sünde*, sondern *Unvollkommenheit*. Man muss Sünden der Menschen von ihrer Unvollkommenheit unterscheiden. Jesus aber sagt: „Ihr sollt also vollkommen sein, wie es auch euer himmlischer Vater ist" (Mt 5,48).

Und es ist nicht wahr, dass Ehepaare, die keine

Methoden anwenden, um die Empfängnis zu regeln, jedes Jahr ein Kind zur Welt bringen, keineswegs!

Manche haben jedes Jahr ein Kind, andere nach vier Jahren, und ich kenne sogar ein Ehepaar, welches das erste Kind nach einem Jahr bekam und das zweite nach 20 Jahren, zwei Mädchen. Aber kurz nach der zweiten Geburt starb die Mutter und das ältere Mädchen hat ihre Schwester großgezogen. 20 Jahre Altersunterschied. Das Eheleben kann ganz unterschiedlich verlaufen, man kann zwei Paare kaum vergleichen.

Man soll Gott vertrauen, dass er dann ein Kind schenkt, wenn es für das Kind am besten ist. Die Frau hingegen sollte wissen, wann sie Mutter werden kann, und immer bereit sein, ein Kind anzunehmen und es nicht töten.

Darüber hinaus sollte sie in Erwartung einer möglichen Mutterschaft alles vermeiden, was dem Kind schaden könnte. Zum Wohl des Kindes.

Elternschaft verlangt von den Eltern eine verantwortliche Haltung. Es gibt ganz viele Situationen, die es zu vermeiden gilt, wenn sie Eltern werden wollen. Vater und Mutter sollten über eine gut geformte, reife Haltung verfügen und bereit sein, jedes Kind anzunehmen, das Gott ihnen schenkt. Natürlich können Menschen um ein Kind bitten, dafür beten, wenn sie sich eines wünschen. Jesus sagt: „Bittet, so wird euch gegeben" (Mt 7,7).

Es kann jedoch nicht anders sein …

In die Beratung kam einmal ein Paar, eigentlich nicht ein Paar, sondern nur eine aufgeregte Frau, die fragte:

„Was macht ihr bloß hier in Krakau?"

„Worum geht es Ihnen?", frage ich.

„Der Priester hat mir nicht die Absolution erteilt!"

„Fragen Sie den Priester, warum er sie Ihnen nicht erteilt hat!"

„Aber ich verstehe es nicht, seit zehn Jahren wenden wir die thermale Methode an und der Priester hat mir die Absolution nicht erteilt!"

„Und wieviele Kinder haben Sie?"

„Noch keine …"

„Und warum?"

„Zuerst muss ich meine Doktorarbeit machen."

„Ja, aber um die Doktorarbeit zu machen, muss man nicht unbedingt verheiratet sein. Ehe steht nicht auf dem Lehrplan für Doktoranden."

Ja, so etwas kommt vor. Der Karrierewunsch bei Frauen kann sich auf die Mutterschaft störend auswirken. Natürlich kann es schwierig werden und verlangt viel Kraft, also sollte man in Ruhe überlegen, was am wichtigsten ist. Am wichtigsten ist es, dass das Ehepaar Gottes Plan verwirklicht, damit die Elternschaft heilig ist.

Verantwortliche Elternschaft bedeutet, sowohl viele Kinder als auch nur eines zu haben, obwohl ein Einzelkind zu sein, eine gewisse Einschränkung für den Menschen darstellt. Denn ein Einzelkind kann nicht altruistisch sein, auch wenn es sich bemüht, weil es nicht gelernt hat zu teilen. Es musste nicht teilen, denn alles gehörte ihm und sollte ihm gehören. Und dann wird aus so einem Einzelkind vielleicht ein unglückseliger Ehemann oder eine unglückselige Ehefrau, weil er oder sie den Egoismus loswerden und den anderen lieben lernen muss.

So schreibt Paul VI. in *Humanae vitae:* Aufgabe der christlichen Familie ist es, „Gottes heiliges und mildes Gesetz offenbar zu machen".

Empfängnisverhütung – Verstoß gegen das Erste Gebot

Die Welt würde sich in einen Albtraum verwandeln, würden die Ehegatten in ihrem empfangenen Kind nur eine Last und Bedrohung für ihre Stabilität sehen (...) Es würde nämlich bedeuten, dass die Liebe im menschlichen Leben nicht mehr zählt.

Johannes Paul II. *(Kielce, 3. Juni 1991)*

Der Umgang mit der Fruchtbarkeit stellt oft einen Konfliktstoff für Ehepaare dar. Besonders Männer wollen die Notwendigkeit, ihre körperlichen Begierden einzuschränken, nicht einsehen. Im Allgemeinen ist der Geschlechtstrieb bei Männern stark, stärker als bei Frauen, weil das männliche Geschlechtsorgan sehr empfänglich für Reize ist. Und die Planung von Kindern erfordert zeitweise Enthaltsamkeit, wenn die Menschen zu diesem Zeitpunkt nicht Eltern werden sollen. Oft wollen sich Männer daran nicht halten. Viele Ehepaare, auch gläubige, sündigen schwer durch Empfängnisverhütung; entweder zwingt der

Ehemann seine Frau, Verhütungsmittel anzuwenden, oder sie selbst greift danach. Aus Angst vor einem Kind verwenden sie oft Präservative. Mitunter begehen sie jahrelang diese Todsünde und berauben sich dadurch der Gnade des Ehesakraments, weil diese Gnade nicht automatisch nur dadurch wirkt, dass das Paar kirchlich heiratet. Sie wirkt nur in einem reinen Herzen, dazu braucht es das Sakrament der Buße.

Hier entsteht ein neues Problem: Gehen die Eheleute zur Beichte, und wenn ja, was beichten sie?

Bei einem Ehepaar passierte es, dass sie keine Absolution erhielt, er aber schon, und er zu ihr sagte: „Du bist zum falschen Priester gegangen, suche dir einen, der dir die Absolution erteilt!“ Manche Priester erteilen Menschen, welche Empfängnisverhütung anwenden, die Absolution, weil diese erklären: „Wir können nicht anders. Es geht nicht.“

Was geht nicht? Keinen Geschlechtsverkehr zu haben, geht nicht? Der Mensch ist doch kein Tier!

Es geht darum, wie Ehepaare Elternschaft begreifen, ob sie verstehen, welch großes Geschenk sie erhalten – das Recht, mit Gott zusammenwirken zu dürfen.

Aus biologischer Sicht ist es besser, wenn Eltern jung und gesund sind und Kinder planen, wenn sich der menschliche Organismus in einem guten Zustand befindet. Nichtsdestotrotz sind für gewöhnlich Frauen zumindest ungefähr bis zu ihrem 50. Lebensjahr fruchtbar.

Und manchmal hört man, dass ein Ehepaar mit einem 20-jährigen Kind keine Kinder mehr haben sollte, weil es schon zu alt ist. Das ist nicht wahr! Eine Frau kann so lange Mutter werden, wie ihre Natur, ihr Organismus es zulässt – und das bestimmt die Natur, also das vom Schöpfer zugestandene Recht.

Deswegen darf man nicht argumentieren: „Wir verhüten, denn wir sind alt." Nichts dergleichen. Wenn eine ältere Frau langsam unfruchtbar wird und trotzdem guter Hoffnung ist, heißt dies, dass das Kind auf die Welt kommen sollte.

Im Alter von 40 Jahren ist man nicht alt, und wenn Menschen in diesem Alter Eltern werden, erhalten sie die Chance, dass dieses jüngste Kind später eine große Freude im Alter wird. In der Regel verlassen Kinder das Nest, werden flügge. Und wenn die Kinder, die sie mit etwa 20 Jahren auf die Welt gebracht haben, in die Welt hinausziehen, so bleiben die jetzt 50-jährigen Eltern allein. Leider lassen sie sich oft dann scheiden, weil sie an ihrer ehelichen Liebe nicht gearbeitet haben und es keine Kinder mehr gibt, die sie zusammenhalten.

Die wichtigste Aufgabe in der Ehe ist die gegenseitige Liebe von Mann und Frau sowie die Übereinstimmung darin, wie Elternschaft umgesetzt wird – verantwortliche Elternschaft.

„Wir haben kein Geld ..." Gegenwärtig hat man den Wert eines Kindes sogar in Geld umgerechnet! Oft werden angeblich fehlende finanzielle Mittel als

Argument angeführt. Und dazu noch das verrückte Gesetz, welches dem Staat erlaubt, sich in die Familie einzumischen. Es besagt, wenn die Eltern kein Geld haben, kann man ihnen das Kind wegnehmen. So ein Unsinn: Das ist ein Beweis für die falsche Haltung des Staates gegenüber Familien.

Das Kind allein für sich genommen ist ein Schatz, also hängt der Reichtum eines Volkes von der Zahl der Kinder ab, von der Geburtenrate. Und das polnische Volk stirbt jetzt aus. Die Grundlage für den Fortbestand eines Volkes ist ja eine Vielzahl guter, beständiger Familien. Die Lebenspraxis zeigt uns, dass es eine Familie mit mehreren guten Kindern, die einander gegenseitig unterstützen, leichter hat.

Wie man Elternschaft versteht, hängt von der Gewissenserforschung ab. Warum wollen Menschen keine Kinder haben? Man muss Gott vertrauen. Es ist nicht so, dass Gott von den Menschen maximale Fruchtbarkeit verlangt. Doch er weiß besser, wer was braucht.

Außerdem muss man den Verstand einsetzen, nicht nur das Gewissen.

Natürlich kann es auch sein, dass eine große, kinderreiche Familie nicht die Frucht großzügiger Liebe ist, sondern die Folge eines unbeherrschten Mannes, der seine Ehefrau fast vergewaltigt und sie zum Geschlechtsverkehr zwingt, auch wenn sie dies nicht will und gerade nicht Mutter werden sollte. Ich kenne eine Familie, in der sieben Kinder ins Kinderheim abgegeben werden mussten, weil der Vater Alkoholiker war und ihm das Sorgerecht entzogen wurde.

Gerecht soll es sein, es geht um das Wohl jedes Einzelnen. Eine Familie sollte so viele Kinder haben, wie sie angemessen großziehen kann. Natürlich muss man irgendwo wohnen und etwas essen. Aber es kann nicht sein, dass sie schwanger wird und – weil sie keine Wohnung haben – das Kind getötet werden muss.

In diesem Zusammenhang erlebte ich folgende Situation: Ein Paar wohnte mit zwei Kindern in einem Zimmer. Als die Frau zum dritten Mal schwanger wurde, kam sie weinend zu mir, ihr Ehemann verlange von ihr eine Abtreibung. Ich zitierte den jungen Mann zu mir und er antwortete: „Wir haben keinen Platz, wo man noch ein Kinderbett aufstellen könnte."

„Na, Sie hätten früher daran denken müssen, Sie sind ja der Vater dieses Kindes."

„Ja, aber mein Vater sagt, ich sei ein Depp, weil ich nur Kinder in die Welt setze. Mein Bruder hat ein Kind, hat schon ein Haus gebaut, er hat eine Villa und hat es gut. Und wir haben drei Kinder."

Darauf begann die Frau zu weinen. Und weil sich dies in der Wohnung von Bischof Karol Wojtyła abspielte, denn er hatte ein Zimmer an die Beratungsstelle vermietet, hörte er diese Frau weinen und fragte, warum sie weine. Besorgt um das Schicksal der Familie schritt der besagte Bischof ein und mit Hilfe der Kurie, der Kirche, erhielt dieses Paar eine Wohnung. Das Seltsame daran war, dass der Ehemann dieser Frau bei der Bürgermiliz war; er musste sich Anschuldigungen von seinen Vorgesetzten anhören, dass er Kontakt zur Kirche habe. Er hatte dann Probleme in der Arbeit, aber sie erhielten die Wohnung und damit Platz für dieses dritte Kind.

Um zum Thema Empfängnisverhütung zurückzukommen. Sie ist vor allem eine „unnötig" Sünde, eine Sünde menschlicher Unwissenheit, um nicht zu sagen menschlicher Dummheit. Sie ist deswegen unnötig, weil doch Ehepaare nur zu bestimmten Zeiten des Zyklus Eltern werden können und wissen sollten, wann dies möglich ist. Es geht um das Bewusstsein, was die Aufgabe der Familie ist, wozu eine Familie dient – das Bewusstsein, dass es in der Familie eine Transzendenz von Leben und Liebe geben muss. Ein Kind soll die Frucht der Liebe sein, denn durch das Kind wird die Liebe an die nächste Generation weitergegeben und an die Ewigkeit. Aber jede Familie hat ihre eigene Berufung. Man darf niemanden richten.

Einmal hat mich eine verheiratete Frau gebeten, mit ihrem Pfarrer zu sprechen. In dieser Pfarrgemeinde fanden – wie in Polen zu Weihnachten üblich – Seelsorger-Besuche statt, der Pfarrer oder Kaplan kam zu Besuch. Und sie bat mich: „Frau Doktor, bitte sagen sie den Priestern, wenn sie um Weihnachten zu

Besuch kommen, sollen sie bitte nicht fragen: ‚Wen werde ich taufen?' Wir machen alles, um ein Kind zu bekommen, und es klappt nicht." Die Frau begann zu weinen.

Achtung! Man darf doch nicht annehmen, dass – wenn ein Paar keine Kinder hat – es bedeutet, dass es sündigt und Verhütungsmittel anwendet oder abgetrieben hat. Das, was sie erleben, ist ihr Geheimnis. Man darf nicht nach äußeren Anzeichen richten.

Als Karol Wojtyła zum Bischof ernannt wurde, richtete er gleich ein Schreiben an die Beichtväter und leitete sie an, wie sie bei Ehepaaren die Beichte abnehmen sollten, und empfahl allen Priestern, bei der Beichte taktvoll, aber dennoch immer nachzufragen, wie das Ehepaar mit dem Thema Fruchtbarkeit umgehe. Es kommt vor, dass Männer nicht immer beichten, dass sie zum Beispiel Präservative verwenden oder den Coitus interruptus praktizieren. Es kommt auch vor, dass Frauen die Spirale tragen und dies nicht beichten. Es kommt sogar vor, dass sie eine Abtreibung vorgenommen haben und der Mann dies gar nicht erwähnt.

Der Beichtvater ist verpflichtet zu überprüfen, wie diese Erwachsenen den ehelichen oder außerehelichen Verkehr gestalten. Die Formung des Gewissens ist schwierig und der Priester als Beichtvater hat das Recht, das Gewissen zu vertiefen.

Wenn ein Mann bei Pater Pio während der Beichte nicht seine Sünden aufzählte, sagte er ihm selbst, was er noch auf dem Gewissen hatte. Man kann ja mal etwas vergessen. In einem solchen Fall ist der Beichtende unschuldig. Wenn er aber so nachlässig ist, dass er sich nicht daran erinnert, was er auf diesem Gebiet gemacht hat, ist dies ein Beweis für ein falsch gebildetes Gewissen.

Es gibt Menschen mit robustem Gewissen, eigentlich soll es aber empfindlich sein. Meistens sind es die Männer, die zur Härte tendieren, und deswegen ist es Aufgabe der Frau, den Ehemann empfindlicher zu machen und auf die Reinheit ihrer ehelichen Beziehung zu achten. Für gewöhnlich hat die Frau eher Gewissensbisse und will nicht verhüten. Manchmal kommt sie in die Beratung und bittet, mit ihrem Ehemann zu reden. Männer verlangen Geschlechtsverkehr und Frauen verteidigen sich, weil sie sich vor einem Kind fürchten.

Die beiden Eheleute müssen sich darüber einig sein.

Ehe – eine lebenslange Aufgabe

Wenn die Ehegatten danach streben, sich einander in Selbsthingabe zu schenken, entwickeln sie in sich richtige elterliche Verhaltensmuster.

Johannes Paul II. *(Kielce, 3. Juni 1991)*

Warum ist das Eheleben so schwierig? Die grundlegende Frage lautet: Warum streiten Eheleute miteinander?

Auf einer Versammlung der Ärztegesellschaft erhielt ich den Beweis, dass der Grund für Konflikte in der Ehe der gleiche ist wie jener, warum man überhaupt die Ehe schließt, nämlich der Unterschied zwischen den Geschlechtern.

Vor der Ehe ist dieser Unterschied anziehend. Den jungen Mann fasziniert die junge Frau, sie ist „so anders", „so interessant", „so hübsch", er ist daher entzückt von ihr, möchte mit ihr zusammen sein, also heiratet er sie.

Er wählt sie frei. Beim Ehegelöbnis, wenn dann der Priester fragt, ob er diese Frau heiraten will, sagt er: „Ich will!“ Danach aber wird dieses freiwillig abgegebene Gelöbnis zum Zwang – jetzt muss er für immer mit ihr zusammensein. Denn wenn du das Sakrament der Ehe eingehst, gibt es kein Zurück.

Jetzt aber ändert sich das Bewusstsein der Menschen: Aus einem „Ich möchte meine Ehefrau lieben“ wird ein „Ich muss“. Und immer wenn der Mensch denkt: „Ich muss“, dann weckt das seinen Widerspruch, denn es entsteht eine falsche Vorstellung von Freiheit. Jetzt merkt er, er kann sich nicht zwingen, er möchte sich frei fühlen, „er kann sich nicht zur Liebe verpflichten“. Und genau das sollte man verstehen, dass man Liebe von sich verlangen kann, weil die Liebe eine Willensentscheidung sein muss und keine Gefühlssache ist.

Ich rate, Pater Aleksander Woźnys Lehre zu lesen. Er war Pfarrer im Erzbistum Posen und organisierte vor über 50 Jahren Familienseelsorge. Er war Pfarrer, spezialisiert auf Exerzitien. Besonders gut kannte er sich mit der Seele der Frau aus.

Als das Seligsprechungsverfahren eingeleitet wurde, erschienen aus diesem Anlass seine Studienwerke über Exerzitien. Eine Serie trägt den Titel „Betrachtungen“. Pater Woźny gibt in einem dieser Bände Verlobten und Verheirateten einen Rat. Darin erwähnt er ein Gespräch mit einem Mann, einem Ehemann, der ihm sein Problem anvertraut, er habe sich verliebt. Die Ehefrau liebe er nicht mehr, sondern er liebe eine andere Frau. Und Pater Woźny fragt ganz ruhig:

„Aber als Sie geheiratet haben, da haben Sie Ihre Ehefrau geliebt, waren verliebt in sie?“

„Ja, sicher.“

„Na, und was ist dann passiert? Haben Sie sich entliebt? Dann bitte entlieben Sie sich ein zweites Mal und verlieben sich neu in ihre Ehefrau. Das, was vergeht, kann nicht Liebe sein, denn Liebe verschwindet nicht. Das, was verschwunden ist, ist ihr eigener Egoismus.“

„Ich habe mich bei diesem Mädchen sehr wohl gefühlt, aber als sie dann meine Ehefrau war, stellte sich heraus, dass sie eine Hexe ist, denn sie ist überhaupt nicht so, wie sie vor der Ehe war.“

Vor der Ehe schmeichelte sie sich ein und bewunderte ihn. Jetzt aber kritisiere sie ihn von morgens bis abends, er habe genug von ihr und habe eine andere gefunden, die ihn anbetet.

Das ist der Beweis, dass es keine Liebe war, es war reiner Egoismus der Verliebtheit!

Menschen müssen verstehen, dass sie echte Liebe aufbauen sollen, was bedeutet, den vollkommen anderen Menschen als Ganzen anzunehmen, ihn so anzunehmen, wie er ist, obwohl bei ihm alles anders ist. Man muss vorher wissen, dass sich jeder ändern kann.

Es wurden viele verschiedene Beiträge geschrieben, es gibt verschiedene wissenschaftliche Seminarreihen über das Thema Geschlechtlichkeit, darüber, dass der Mensch eine *tabula rasa* ist. Und man kann alles analysieren, aber der gesunde Menschenverstand sagt einem, dass man die Unterschiede der Geschlechter einfach mit Entschlossenheit annehmen muss.

In jeder Hinsicht ist er anders, jede Reaktion beim Mann unterscheidet sich von der Reaktion der Frau, in jeder Situation. Und man muss dies lernen. Johannes Paul II. sagte, dass man diese Andersartigkeit bewundern soll. Er selbst sprach mit großer Bewunderung und Staunen über das schöne Gotteswerk – den Menschen, einzigartig, jeder Einzelne.

Lerne deine Ehefrau kennen!

Lerne deinen Ehemann kennen!

Es kommt vor, dass Ehepaare sich überhaupt nicht kennen. Sie machen zwar etwas gemeinsam, aber in der Praxis zeigt sich, dass viel zuwenig gemeinsam unternehmen. Vor der Hochzeit haben sie Ausflüge gemacht, sind ins Konzert gegangen, sogar in die Kirche, sie wollten viel Zeit miteinander verbringen.

Aber anstatt eins zu werden, hat sie das Eheleben paradoxerweise voneinander entfernt. Sie arbeitet woanders als er und sie haben keine Zeit, einander zu treffen, sich gegenseitig und die Reaktionen des anderen kennenzulernen. Es fehlen gemeinsame Interessen.

Manchmal arbeitet der Mann zehn Stunden außer Haus. Und sie weiß nicht einmal die Adresse seiner Firma, sie weiß nicht, wo er arbeitet. „Dort … irgendwo … arbeitet er … irgendetwas … in irgendeiner Firma.“ Sie weiß nicht, was er arbeitet. Und er geht in diesen zehn Stunden vollkommen in seiner Arbeit auf! Das ist ihr egal, sie will nur eines – dass er Geld nach Hause bringt.

Frauen zwingen oft ihre Männer dazu, dass sie noch mehr arbeiten, weil sie immer größere materielle Ansprüche stellen. Junge Ehepaare plagen sich damit, dass sie nur materielle Pläne haben. Sie nehmen Kredite von Banken auf, ohne viel nachzudenken. Es gibt viele solcher Ehepaare. Und dann wissen sie keinen Rat mehr. Man hört immer wieder, ein junger Mann hängt sich auf, wenn von der Bank eine Mahnung mit einer hohen Strafzahlung kommt, weil eine Rate nicht rechtzeitig bezahlt wurde. Der Mann sieht keinen Ausweg mehr und hängt sich auf.

Ehepaare müssen sich über die wichtigsten Angelegenheiten einig sein und nicht nur über ihre materiellen Angelegenheiten. Das Besitzstreben verbindet Menschen nicht, es trennt sie sogar, denn je mehr sie haben wollen, desto mehr Zeit müssen sie dafür aufwenden. Dann haben sie keine Zeit mehr für die Liebe, gemeinsam irgendwohin zu gehen, zum Unterhalten, für Zärtlichkeit – sie haben keine Zeit mehr, ihre Liebe zu leben.

Die Arbeit zehrt, sie frisst Energie und Nerven. Der Mann kommt müde nach Hause, die Ehefrau möchte mit ihm reden, aber er will gar kein Wort mehr sagen. Ehepartner müssen Zeit füreinander haben, um sich gegenseitig kennenzulernen.

Sie sollen beobachten, nicht kritisieren, aber sie kennen einander manchmal gar nicht und verstehen einander nicht.

Warum ist sie so? Was bedeutet diese Reaktion meiner Ehefrau?

Dazu kommen noch Kinder. Es zeigt sich: Die Eltern kennen und verstehen ihre eigenen Kinder nicht, welche sie gemeinsam erziehen sollen, und sie erziehen sie nur dann gut, wenn zwischen ihnen reine Liebe herrscht – ein „Wir", *communio personarum*. Wenn die Eltern, von einem reinen Geist durchdrungen, einig sind, dann erziehen sie selbst mit ihrem Verhalten. Wenn es diese geistige Verbindung nicht gibt, haben sie keinen wirklichen Einfluss auf die Kinder, weil jeder von ihnen etwas anderes darstellt. Sie sollten beachten, dass sie das, was sie Kindern gegenüber vermitteln, immer gemeinsam tun: wir dem Kind gegenüber, wir der Familie des Ehemannes gegenüber, wir der Familie der Ehefrau gegenüber, wir den Nachbarn gegenüber, wir der Pfarrgemeinde gegenüber, wir dem Staat gegenüber, wir der Welt gegenüber. Wir, wir, wir!

Leider ist das nicht so, weil die jungen Eheleute einander nicht wirklich kennen. Die Ehe ist eine lebenslange Aufgabe und man muss Geduld haben. Gewisse Ziele kann man nach längerer Zeit erreichen, andere lassen sich sofort erreichen, aber es muss ein Programm geben: „Wir wollen eine tiefe

Ehebeziehung aufbauen, wir wollen bewusst nach Heiligkeit streben."

In *Familiaris consortio* versteht Johannes Paul II. die *communio personarum* als Gemeinschaft aller Familienmitglieder. Einvernehmen auch mit den Schwiegereltern, mit der nächsten Generation. Es soll eine große, einander liebende Familie sein.

Es gibt Situationen, in denen Ehepaare aber das Hab und Gut untereinander aufteilen: „Das ist meins und das ist deins." Und es gibt Familien, in denen man jahrelang nicht mehr miteinander spricht, weil man sich wegen der Aufteilung des Vermögens zerstritten hat. Die Eltern haben den Hausbau mitfinanziert und halten dies jetzt vor und es wird darum gestritten, wem es gehört.

Man sollte an einer erweiterten Familie arbeiten, alle gemeinsam mit dem neuen Elternpaar. Jeder von ihnen erhält eine zweite Familie und muss sein Herz weiter öffnen, denn wenn ich meinen Ehemann liebe, dann soll ich auch seine Mutter und seinen Vater lieben, weil ohne sie mein geliebter Ehemann nicht geboren wäre. Und auch umgekehrt – die geliebte Ehefrau.

Gibt es so eine Liebe?

Es kann sein, dass man einander in der Familie überhaupt nicht kennt. Eine Bekannte von mir kam unlängst mit folgender Nachricht zu mir: „Gestern hat mich mein Sohn besucht und erzählt, dass er geheiratet hat, und ich weiß nicht einmal, wen …" Und das ist Zusammenhalt in der Familie? Der Zusammenhalt hängt von den Taten ab. Liebe ohne Taten ist tot. Jesus gebietet, alle zu lieben, auch die Feinde. Aber natürlich, je enger die Bindung, umso tiefer die Hingabe.

Liebe …

Ich bin im Augenblick der Schiedsrichter in einer Familie, in der sich zwei Schwestern ums Geld streiten, weil für die verstorbenen Eltern ein Grabmal errichtet wurde. Dieses hat eine Menge Geld gekostet, das einer der Schwiegersöhne auf einmal ausgelegt hat, – beide Schwestern sind verheiratet – und er wollte, dass ihm der andere die Hälfte davon zurückzahlt. Und sie streiten, es ist gar ein Gerichtsprozess anhängig, weil derjenige, der das Grabmal bezahlt hat, das Geld vom anderen einfordert.

Ich habe ihn gefragt: „Haben Sie sich erkundigt, ob der Schwager überhaupt diese Summe zahlen kann?" „Kann er nicht, weil er kein Geld hat." Wie sich zeigte, hatte er die Arbeit verloren. Sie haben Schulden …

Eine liebende Familie schützt alle ihre Mitglieder, alle tun sich zusammen und helfen. Dann kann man die Schwierigkeiten im Leben bewältigen. Allein kommt keiner weit. Wenn aber die Familie so ist, wie sie Paul VI. in *Humanae vitae* beschreibt, das heißt „sie Gottes heiliges und mildes Gesetz offenbar macht", dann umfasst diese Milde und Heiligkeit alle. Es kommt aber vor, dass man jahrelang nicht miteinander redet, nicht einmal zu Weihnachten, wo man in Polen Oblaten miteinander teilt und sich vertragen soll, nicht einmal dann. Heute gibt es viel Hass in der Familie.

Daher muss die erste Aufgabe der Familie die tätige Liebe in der erweiterten Familie sein. Wir sollen alle Menschen lieben, aber vor allem die eigenen Verwandten, mit denen wir dadurch verbunden sind, dass unsere Ehefrau aus dieser Familie oder unser Ehemann aus jener Familie stammt. Man muss versuchen, den anderen zu verstehen. Sich nicht nur darauf zu konzentrieren, was man selbst empfindet, sondern was in dieser Situation der andere empfindet, zum Beispiel unser Kind oder die Schwiegermutter.

Johannes Paul II. hat mehrmals wiederholt, dass die Liebe gelernt werden muss.

Aufgaben der Erzieher

Der Erzieher ist eine in geistigem Sinne „zeugende“ Person. Die Erziehung (...) ist eine Verbindung, die diese beiden [Erzieher und zu Erziehender] an der Wahrheit und an der Liebe teilhaben lässt.
Johannes Paul II., *Brief an die Familien*

In der Erziehung sollte Gutes belohnt und Böses bestraft werden. Aber was ist gut und was ist böse? Es kommt vor, dass ein Kind für etwas bestraft wird, was weder gut noch böse ist. Es erhält Prügel, weil es ein Glas zerbrochen hat. Oder dafür, dass es eine schlechte Note in der Schule bekommen hat.

Die schlechte Note ist schon eine Strafe von Seiten der Schule, warum also verhängen die Eltern noch eine zusätzliche Strafe?

Die Anwendung von Strafe und Belohnung kommt auch bei Gott vor, Gott spricht von Belohnung im Himmel und Bestrafung in der Hölle. Man muss strafen. Nur wie? Die Strafe muss gerecht sein.

Frauen strafen manchmal mit lautem Schreien

– sie brüllen ihre Kinder an. Das ist keine richtige Strafe. Das weckt Aggressionen beim Kind. Und außerdem ist dies ein falsches Verhaltensmuster. Die Mutter schreit das fünfjährige, das zehnjährige Kind an und mit 15 Jahren schreit es dann zurück. Strafe kann nicht unkultiviertes Benehmen eines Erwachsenen bedeuten. Das Kind hat seine Würde, man darf diese nicht herabsetzen.

Ich war erstaunt, dass in Frankreich Frauen ungeniert Kindern Ohrfeigen verpassen. In Polen ist das eine Beleidigung. Ich habe nie gesehen, dass in Polen eine Mutter dies macht. In Frankreich schon.

Die Frage der körperlichen Strafe sorgt für Diskussionen. Kleine Mädchen darf man sicher nicht schlagen. In Polen gibt es ein Epigramm, das Kwiatkowski zugeschrieben wird: *Schlag‘ Frauen nicht einmal mit einer Blume.* Warum? Es ist nicht notwendig; was falsch war, kann man erklären, und Schläge bleiben im Gedächtnis. Mädchen verstehen das als Bestätigung ihres Ungeliebtseins. Bei Jungen hingegen stellt sich das Problem der Disziplin anders dar. Mein Freund sagte einmal: „Mein Vater hat mich einmal geschlagen und ich bin ihm dafür sehr dankbar!“ Einmal im Leben!

Ich selbst habe einmal im Leben „ein fremdes Kind gehauen“. In Krakau liegt ein Kindergarten an einer Straße mit einer scharfen Kurve. Ich ging diese Straße entlang, mir kam ein Bus entgegen. Genau in diesem Moment kamen aus dem Tor des Kindergartens zwei Jungen gelaufen und rannten über die Fahrbahn: Einer rannte voraus, der zweite hinterher und der Busfahrer konnte nicht ausweichen, weil hier Lichtmasten standen. Der Lenker wurde vor Entsetzen ganz weiß im Gesicht. Im letzten Moment packte ich den Jungen und gab ihm einen Klaps, damit er sich ein Leben lang daran erinnert, dass man nicht über die Fahrbahn laufen darf. Ich gab ihm einen Klaps auf den Po, weil sich der Po dafür anbietet.

Es gibt Situationen, da muss man mit einem solchen Zeichen reagieren, damit das Kind sich ein Leben lang daran erinnert, dass man etwas nicht machen darf. Und so ist auch die Rolle des Vaters, der vielleicht mit solchen Maßnahmen bestraft.

Ich habe eine Bekannte, die ihre Kindheit in Australien verbracht hat. In ihrer Schule dort gab es die Prügelstrafe, aber das Kind selbst bestimmte über das Strafmaß. Mädchen erhielten Schläge auf die Hände und Knaben auf den Po, aber sie durften selbst bestimmen, wie viele sie erhalten sollten. Sie erinnert sich, dass sie zweimal Schläge erhielt, weiß aber heute nicht mehr, wofür. Sie bestimmte selbst das Strafmaß und hatte niemals Grund zur Klage.

Das Kind selbst soll einschätzen, ob es Strafe verdient und welche. Es sollte wissen, wenn es etwas Böses getan hat, werden ihm Mama und Papa am Abend kein Kreuzzeichen auf die Stirn geben und es nicht auf die Stirn küssen. „Du hast uns wehgetan."

Und das Kind sollte das spüren. Dazu muss das Kind aber täglich ein Kreuzzeichen auf die Stirn bekommen und einen Kuss erhalten. Sonst fällt diese Art der Strafe weg.

Eltern belohnen ihre Kinder für gewöhnlich mit Geld und bestrafen sie, indem sie ihnen keines geben. Oder sie belohnen sie mit einem Ausflug und bestrafen sie damit, dass sie nicht mit auf den Ausflug dürfen. Einmal sprach ich eine Lehrerin an einer Schule in Zakopane darauf an. Die Kinder aus der zweiten Klasse machten einen Ausflug, einen unartigen Jungen aber sperrte sie als Strafe im Klassenzimmer ein. Und das Kind war den ganzen Tag über in dem stickigen Raum. Ich erklärte dieser Lehrerin, dass heranwachsende Kinder an die frische Luft gehören. Ich riet ihr, sie solle sich eine vernünftigere Strafe ausdenken. Und überhaupt soll eine Strafe nur im äußersten Notfall verhängt werden.

Man sollte nachdenken, wofür man das Kind loben kann. Und so sollten wir auch miteinander umgehen, den Ehemann loben, die Ehefrau loben. Menschen sind zu sehr gewöhnt, Fehler beim anderen zu suchen.

In jedem Menschen gibt es Gutes und Böses. Die Aufteilung in Gute und Böse wird beim Jüngsten Gericht getroffen, jetzt aber existiert noch beides in jedem Menschen, weil jeder gute und schlechte Seiten hat. Erziehung besteht darin, das Schlechte zu beseitigen und das Gute zu entwickeln.

Beim Menschen entwickelt sich das Gute, wenn er für das Gute gelobt wird. Gute Taten sollen Kinder von Erwachsenen lernen, die Eltern in guten Taten nachahmen.

Ich bin in einer Pfadfindergruppe großgeworden. Dort war man verpflichtet, jeden Tag eine gute Tat zu vollbringen. Und in der Beratung frage ich manchmal die heranwachsenden jungen Menschen: „Was hast du heute Gutes vollbracht? Gestern? Tust du überhaupt etwas Gutes für jemanden?" Und diese Frage bleibt manchmal unbeantwortet.

Menschen sind auf gute Taten nicht eingestellt und doch bedeutet Heiligkeit nicht nur das Fehlen von Sünden, das wäre zu wenig. Es sind auch gute Taten nötig. Johannes Paul II. schreibt in seinem *Brief an die Familien,* dass unsere Taten über uns richten werden.

Der Brief an die Familien ist sein einfachstes Schreiben und sollte in jedem Haus bekannt sein. Dieser Satz: „Eure Taten werden über euch richten", ist sehr belastend. Wenn Jesus gesagt hätte: „Gott wird über euch richten", dann könnte man nach Krakau-Łagiewniki zur hl. Schwester Faustina, zur Mutter Gottes von Gidle oder zur Schwarzen Madonna nach Tschenstochau fahren und bitten: „Unsere Mutter und Königin du, hilf!" Ja, Barmherzigkeit erfahren kann man, solange man lebt, nach dem Tod aber gibt es nur noch Gerechtigkeit.

Johannes Paul II. weist auf die Bedeutung der Taten hin: „Sammelt euch Schätze im Himmel."

Wie sieht dein Konto für den Himmel aus?

Johannes Paul II. schrieb: „Die Eigenschaft der Taten geht auf den Täter der Taten über" (*Person und Tat*).

Wie steht es um deine Taten?

Unsere heutige Zivilisation bezeichnete Johannes Paul II. als Zivilisation des Todes und des Hasses. Der Mensch möchte den anderen vernichten. Wenn jemand etwas Gutes tut, finden sich gleich welche, die ihn vernichten wollen.

Die positive Einstellung fehlt, das Böse sät Hass. Als Johannes Paul II. 15 oder 16 Jahre alt war, erschütterten ihn die Worte Jesu: „Richtet nicht!" Und er selbst hat niemals schlecht über jemanden geredet.

Richtet nicht! Und die Menschen kritisieren einander ständig …

Kinder dürfen ihre Eltern nicht richten, aber auch Eltern dürfen ihre Kinder nicht richten. Lehrer haben nicht das Recht, ihre Schüler zu richten. Auch Schüler ihre Lehrer nicht. Ihr könnt beobachten, die Taten einschätzen, aber nicht den Menschen, und man darf den Menschen nicht mit seinen Taten gleichsetzen. Wir haben das Recht, Sünden zu verurteilen, sollen aber den Sünder lieben. Der Mensch kann seine eigenen Taten als böse erkennen und sich verbessern.

Als Beispiel haben wir den hl. Petrus. Obwohl er ein Verräter ist, gibt ihm Jesus dennoch die Schlüssel zum Himmelreich. Jesus sieht Petrus´ Seele und weiß, er ist überhaupt nicht böse. Petrus hat eine böse Tat begangen und diese bereut.

Viele Menschen begehen böse Taten. Sie würden diese bereuen, wenn die anderen sie nicht gleich verurteilt hätten, was sie verbittern lässt. Das verbogene Schilfrohr biege nicht, bis es bricht. Für einen Sünder muss man beten und darf ihn nicht anklagen. Um seine Umkehr beten. Wie sollen wir unsere Nächsten behandeln? Das Recht zu richten haben wir nicht, wir sollen lieben.

Ich bemühe mich manchmal, Treffen mit Menschen zu ihrem Namenstag, Geburtstag oder einem Jahrestag aus dem Weg zu gehen, denn oft enden sie in Tratsch über alle Bekannten. Und solche Gespräche in andere Bahnen zu lenken, ist oft sehr schwierig; besser ist es, sie zu vermeiden. Einer klagt den anderen an, einer tratscht über den anderen. Warum? Man sollte sich doch eher bemühen, etwas Gutes in diesem Menschen zu entdecken.

Pater Tadeusz Fedorowicz, von dem schon früher die Rede war, trug immer zwei Dinge bei sich, eine Lupe und ein Fernglas. Wenn er mit jungen Menschen bergsteigen ging, beobachtete er mit dem Fernglas Vögel und mit der Lupe Blumen.

Auf einem Treffen mit jungen Menschen zeigte er einmal einen Apfel. Der Apfel war ganz rot, nur an einer Stelle hatte er einen kleinen schwarzen Fleck. Er nahm die Lupe und sagte: „Schaut, wenn ich mit der Lupe auf diesen schwarzen Fleck schaue, sieht man einen riesengroßen schwarzen Fleck. Aber das ist falsch, der Apfel ist doch ganz rot. Warum schaust du nur auf das Schwarze?"

In der Ehe verhält es sich ähnlich. Vielleicht hast du eine Ehefrau, die einmal hässliche Worte zu dir gesagt hat, und du machst schon eine Hexe aus ihr. Sie kann doch eine ganze Reihe anderer positiver Eigenschaften haben.

Man darf den anderen nicht richten, indem man unter dem Vergrößerungsglas irgendeinem Detail eine aufgeblähte Bedeutung beimisst. Dazu Jesu berühmte Worte aus der Bibel: „Warum siehst du den Splitter im Auge des Bruders, aber den Balken in deinem Auge bemerkst du nicht?" (Mt 7,3) So etwas kommt bei Menschen oft vor, auch bei Ehepaaren.

Ehepaare benehmen sich mitunter wie Staatsanwälte. Die Ehefrau zählt die Sünden des Ehemannes, klagt ihn für verschiedene Vergehen an. Und er kommt zu mir und sagt: „Wo liegt das Problem? Ich verstehe sie nicht, weiß überhaupt nicht, worum es ihr geht." Aber er klagt sie wiederum an, dass sie sich nicht für ihn interessiere, dass sie ihn abwerte, seine Meinung nicht schätze. In der Arbeit wird er geschätzt, zu Hause aber nicht, und so weiter.

Man muss das beherzigen, was Johannes Paul II. zu jungen Menschen in Paris gesagt hat, nämlich, dass Menschen, er und sie, Bewunderung füreinander haben und Zärtlichkeit bezeugen sollen. Bewunderung ist der Nährboden der Liebe. Man kann einander nicht lieben, wenn man den anderen geringschätzt. Ehepartner behaupten manchmal voneinander, dass es nichts gibt, was man beim anderen bewundern könnte. Und doch soll man in jedem Menschen eine Spur Ähnlichkeit mit Gott entdecken.

Ehegatten werden Eltern

Man erzieht zur aufrichtigen Liebe, indem man verlangt, aber man kann nur verlangen, indem man liebt. Im Interesse der nächsten Generation ist es daher wichtig, dass die Ehegatten ihre Liebe festigen, veredeln und vertiefen.

Johannes Paul II. *(Kielce, 3. Juni 1991)*

Mann und Frau haben unterschiedliche Aufgaben und verschiedene Möglichkeiten. Der Unterschied ist geschlechtlich bedingt – einfach alles ist bei ihnen unterschiedlich.

Sie reagieren anders. So ist zum Beispiel ihre Geräuschempfindlichkeit unterschiedlich. Im Allgemeinen haben Frauen ein empfindlicheres Gehör, und wenn das Kind sehr laut ist, stört sie das. Oder wenn der Ehemann laut spricht, empfindet sie das schon als Schreien und hat das Gefühl, dass er sie anschreit. Männer hingegen – sie werden übrigens im Laufe der Zeit taub – sind weniger empfindlich, sie stört das nicht. Besonders wenn sie in die Arbeit vertieft sind, hören sie oft nicht einmal, wenn man sie anspricht.

Wenn ein Kind schreit oder ruft, dann muss die Mutter sofort reagieren. Eine Frau hält es nicht aus, wenn ein Kind weint; es gibt aber Situationen, in denen man den Kleinen ruhig ein wenig schreien lassen muss, ohne zu reagieren, denn sonst kann man das Baby zu einem kleinen Erpresser heranziehen, der mit seinem Geschrei von den Eltern Verschiedenes erzwingt.

Am besten wäre es aufzupassen, dass zu Hause niemand seine Stimme erhebt, damit es gar keine solche Gewohnheit gibt. Aber wie kann man das erreichen? Das ist eine sehr persönliche Angelegenheit; in der Eheberatung müssen Ratschläge ganz individuell erteilt werden, es gibt da keine einheitliche Regel. Es gibt nur eine Empfehlung, das Verhalten der Eltern sollte kultiviert sein. Was aber bedeutet Kultiviertheit? Es bedeutet Beherrschung, Selbstbeherrschung.

Am besten wäre es, wenn sich die Eltern einig sind, und wenn Mama etwas sagt oder dem Kind befiehlt, muss das Kind folgen. Wenn es nicht folgt, dann muss es bestraft werden. Anstatt das Kind zu bestrafen, wiederholt die Mutter jedoch 15-mal immer wieder das Gleiche. Das funktioniert aber nicht. Dann wird sie wütend und schreit das Kind an. Ich hingegen rate den Frauen: „Redet nicht zweimal, ruft nur den Ehemann!“ Er muss jetzt zum Kind gehen und sagen: „Hast du gehört, was Mama gesagt hat?

Warum hast du es nicht gemacht? Wir machen das jetzt sofort. Gemeinsam."

Manchmal wollen die Eltern, dass das Kind etwas macht. Papa schaut fern und lässt das Kind staubsaugen. Eigentlich sollte die ganze Familie an bestimmten Arbeiten teilnehmen. Man muss den Müll wegbringen, von Zeit zu Zeit aufräumen, abwaschen und so weiter. Man muss die ganze Familie einbinden, aber nicht nach einer strikten Einteilung: „Jetzt mache ich das, am Montag du, am Dienstag er …", sondern jeder, der ein wenig freie Zeit hat, sollte eine dieser Arbeiten übernehmen.

Wer wirklich liebt, ist eher bereit, dem anderen zu helfen. Wer als Erster aus der Schule nach Hause kommt, schaut, ob es noch etwas Unerledigtes gibt, und macht es. Um die Wette! Papa zeigt dem Kind: „Wir machen Mama eine Überraschung, um die Wette, wer zuerst fertig ist!" Wenn Mama kommt, ist schon aufgeräumt.

Papa lehrt die Kinder, Mama eine Überraschung zu bereiten. Und Mama dem Papa. Und immer geht es darum, der geliebten Person eine Freude zu bereiten.

Benimm dich so, dass Mama Freude an dir hat, dass Papa Freude an dir hat. Das ist übrigens das Gesetz der Liebe. Der Mensch soll sagen können: Ich hatte einen tollen Vater, eine tolle Mutter oder auch einen tollen Lehrer, eine tolle Lehrerin. Erwachsene müssen sich so verhalten, dass ihr Beispiel zur Schule der Liebe wird. Taten aus Liebe.

So wie „der Glaube ohne Werke tot ist" (Jak 2,26), so ist auch die Liebe ohne Werke tot.

Wir alle tragen selbst Verantwortung für unsere Taten. Nicht für unsere Wesensart – der eine ist schnell, der andere langsam; bei dem einen liegen die Nerven blank, der andere hat starke Nerven –, sondern dafür, wie unsere Taten sind, denn diese werden über uns richten.

Eltern beobachten die Taten der Kinder, aber sie analysieren nicht die Hintergründe dieser Taten, und das müssen sie lernen. Lehrt die Kinder gute Taten!

Es gibt aber auch schlechte Taten … Dann soll man nur sagen: „Mach' das nicht mehr!" – so wie Jesus zu einer Ehebrecherin, die verurteilt werden sollte.

Zu den Verfolgern sagte er ruhig: „Wer von euch ohne Sünde ist, werfe als Erster einen Stein auf sie." Alle gingen weg. Nur die Frau blieb. Darauf fragte Jesus sie: „Hat dich keiner verurteilt?" Sie antwortete: „Keiner, Herr!" Jesus erwiderte: „Auch ich verurteile dich nicht. Geh' und sündige ab jetzt nicht mehr" (Joh 8,7-11). Nur darum geht es. „Mach' es nicht mehr!"

Es geht nicht um die Frage, ob Strafen unbedingt notwendig sind, sondern darum, das Kind zu lehren, dass diese Tat eine Strafe verdient. Aus Liebe aber verzeihen wir ihm diese Tat.

Und es soll so sein, wie es bei Gott ist: Es ist die strafende Hand des Vaters und die Mutter, die sich für das Kind einsetzt. Der Vater soll dem Kind sagen:

„Du warst sehr schlimm, du solltest eine Strafe erhalten, aber Mama hat sich für dich eingesetzt. Ich erlasse sie dir aus Liebe zu deiner Mutter, zu meiner Ehefrau."

Aus Liebe erlasse ich sie dir.

Nicht deswegen, weil ich vor dir Angst habe, denn Teenager sind oft so, dass Erwachsene ihnen gegenüber manchmal ratlos sind, sondern: „Ich liebe dich." Denn es gibt nur eine Kraft, die den Menschen ändern kann, nur und ausschließlich die Liebe. Auf keine andere Art kann man auf den Menschen Einfluss nehmen, mit keiner anderen Erziehungsmethode. Man muss ihn lieben.

Nur ein Lehrer, der junge Menschen liebt, hat Einfluss auf sie.

Eltern haben Einfluss, wenn sie den Kindern Liebe entgegenbringen.

Aber bitte denkt daran, Liebe entgegenbringen heißt nicht, dem Kind in allem nachzugeben. Liebe entgegenbringen bedeutet, vom Kind das zu verlangen, was für es selbst und die ganze Familie gut ist. Liebe muss also gerecht und fordernd sein.

Natürlich gibt es auch Schwierigkeiten mit dem Temperament. Beim Menschen gibt es so etwas wie ein grundlegendes Temperament. Es gibt Menschen mit einer Neigung zu raschem Handeln, aber es gibt auch welche, die über alles nachdenken müssen. Und diese Verschiedenheit im Temperament ist kein Makel und keine Sünde, kein Fehler, sondern ein Unterschied, mit dem man beim anderen umzugehen lernen muss. Da ist jemand, der macht dasselbe wie du, nur viel langsamer als du. Der eine ist sprunghaft, der andere hat ein Temperament wie eine Schildkröte. Es geht um das gegenseitige Erkennen der persönlichen Eigenschaften, die dem Körper eigen sind. Dabei handelt es sich nicht um die Seele, sondern um den Körper.

Temperament gehört zum Körper.

Nerven gehören zum Körper.

Die Seele aber ist das, womit du Werte erkennst. Das ist dein Gewissen.

Johannes Paul II. hat in seinem *Brief an die Frauen*, den ich schon früher erwähnt habe, über *den Genius der Frau* geschrieben. Ich führe das manchmal an, denn mein Freund und Mitstreiter bei der Verteidigung des Lebens, Herr Dr. Michalik, hat gesagt: „Jetzt übertreibt er aber, der Heilige Vater, wenn er vom Genius der Frau spricht."

Männer hören es nicht gerne, wenn vom Genius der Frau gesprochen wird. Aber dabei geht es nicht um den Genius der Frau, sondern um *den Genius des Herzens der Frau.*

In der Enzyklika *Redemptor hominis* nennt daraufhin Johannes Paul II. das Herz *die Tiefe des Gewissens.* Das Gewissen gehört zur Seele, aber nicht die Nerven. Und das Gewissen soll dir sagen, ob das, was du „Nerven" nennst, eine Sünde des Zorns war.

Menschen verteidigen sich nämlich oft mit: „Das waren meine Nerven …"

Du hast nicht das Recht zu dieser Ausrede, es seien die Nerven, denn das ist die Sünde des Zorns, eine der Hauptsünden. Alle haben Nerven. Du musst sie beherrschen können. Benutze die Nerven nicht als Ausrede, denn es sind nicht deine Nerven, die handeln, sondern deine unbeherrschte Psyche. Du musst dich beherrschen können.

Der Heilige Vater lehrt uns: „Du sollst bei dir selbst beginnen." Du musst deine Eigenschaften erkennen, dein Temperament, dich selbst gut beobachten und schauen, was du besser machen kannst. Es muss ständig Verbesserungen geben. *Metánoia,* Veränderung in Richtung Heiligkeit.

Er sagt auch: „Du musst aus dem Geist neu geboren werden", ganz neu, auf der Grundlage, dass der Geist über den Körper dominiert. Das heißt, Vater und Mutter sind dann gut, wenn sie sich bemühen, selbst heilig zu sein. Wenn beide gar nicht daran denken, werden sie niemals gute Eltern sein und werden auch keine guten Eheleute sein, denn von der Heiligkeit hängt die Tiefe der Liebe ab.

Die Arbeit an der eigenen Heiligkeit hört niemals auf. Sie ist eine Aufgabe für das ganze Leben. Manchmal sagen Ehefrauen über ihren Ehemann: „Ich kenne ihn schon." Ich aber antworte darauf: „Du hast ihn gestern gekannt, aber du weißt nicht, wie er morgen sein wird."

Man muss jedem Menschen eine Chance geben, dass er schon morgen anders ist, denn er kann anders sein. Er kann morgen vielleicht heilig sein, besser als du. Man kann die Sache nicht abtun mit: „Ich weiß schon alles über dich, ich kenne dich schon, du wirst dich nicht mehr ändern, du bist, wie du bist."

Manchmal sagen die Menschen: „Ich bin, wie ich bin, das ist halt schwer!" Dann ändere dich! Überdenke einfach deine Gewohnheiten und ändere sie! Es ist natürlich mit vielen innerlichen Bemühungen verbunden und Menschen heutzutage haben keine Lust dazu, denn die Sünde der Trägheit herrscht im polnischen Volk: „He, ich werde mich doch nicht anstrengen!"

Trägheit und Lustlosigkeit.

Es fehlt an Begeisterung, nach Heiligkeit zu streben, aber Johannes Paul II. hat ständig dazu aufgerufen.

Selbstbildung

Die Erziehung ist (…) vor allem
eine „Beschenkung“ mit Menschlichkeit
seitens beider Elternteile.

Johannes Paul II., *Brief an die Familien*

Es stellt sich noch die Frage, wie man sich gegenüber ungehorsamen Kindern verhalten soll. Man muss daran denken, dass Kinder am Anfang nichts können. Sie müssen alles der Reihe nach lernen.

Wenn zu Hause nicht darüber gesprochen wird, dass Gehorsam jemandem oder etwas gegenüber unbedingt notwendig ist, dann kann man vom Kind nicht verlangen, dass es gehorcht. Das Kind muss erfahren, dass jeder gehorchen muss. Erwachsene müssen zum Beispiel immer Gott gehorchen – dies ist das einzig richtige Verhalten.

Der Inhalt der Gespräche zu Hause muss den Werten entsprechen, welche wir dem Kind vermitteln wollen. Man muss sie dem Kind erklären und den Wissensschatz teilen. Sprechen die Eltern aber nie darüber, versteht es nicht, warum es gehorchen muss. Wenn das Kind sieht, dass der Vater vieles machen kann und sich gut auskennt, diskutiert es nicht.

Gehorsam muss darauf beruhen, dass derjenige, der ihn vom Kind verlangt, weiß, worum es geht. Das Kind muss nicht deshalb gehorchen, weil es Vater oder Mutter so gefällt, sondern erfahren: „Es gibt Gründe, warum wir von dir verlangen, dass du mit uns gemeinsam ein Gebet sprichst. Der liebe Gott verlangt von uns, dass wir ihn loben und preisen, deswegen beten wir gemeinsam."

Aber wenn man von Kindern nur etwas verlangt, nehmen sie das nicht an. Solange sie ganz klein sind, tun sie es, weil sie müssen, aber danach lehnen sie es ab. Es muss fixe Regeln geben, wem gegenüber Erwachsene gehorsam sind.

In der Entwicklungspsychologie wird eine Phase als „Trotzalter" bezeichnet. Das ist so ungefähr im Alter von drei Jahren, wenn man zum Knaben sagt: „Jaś" und er einem entgegenschmettert: „Ich heiße nicht Jaś!"

Sie negieren alles und man muss eigentlich heimlich darüber schmunzeln. In dieser Phase darf man diesem Trotz keine Beachtung schenken, Gehorsam nicht mit Gewalt erzwingen wollen, nur vermitteln, dass man machen soll, was Vater oder Mutter sagen. Nicht mit dem Kind streiten, nur sagen: „Du kannst es nicht, dann machen wir es gemeinsam." Und heranführen: „Machen wir das, was Mama von dir verlangt.“

Problematisch ist es jedoch, wenn zum Beispiel die Mutter vom Kind verlangt, es solle essen, das Kind aber nicht hungrig ist. Eine Mutter tut das manchmal. Ein Kind soll man niemals zum Essen zwingen. Wenn ein Kind hungrig ist, wird es essen. Alle Kinder essen zu viel, wir alle essen im Allgemeinen zu viel. Es geht nicht darum, Gehorsam in unwesentlichen Dingen zu verlangen, sondern in grundlegenden.

Außerdem soll die Mutter nicht dem Kinde zum Trotz auf ihrem Standpunkt beharren, aber Vater oder Mutter sollen mit dem Kind auch nicht wie mit einem gleichwertigen Partner diskutieren. Wenn man sieht, dass das Kind besonders trotzig ist, darf man es nicht mit Gewalt zu etwas zwingen, sondern sollte das Problem umschiffen, ein wenig diplomatisch sein. Die Aufmerksamkeit auf etwas anderes lenken. Wenn sich das kleine Kind ganz furchtbar in etwas verbohrt, das es selbst noch nicht versteht, dann hilft nur Ablenkung: „Schau, was für ein bunter Vogel dort drüben fliegt!“ Man zwingt einfach keinen Menschen mit Gewalt zu etwas. Es geht nicht darum, den Trotz im Kind zu brechen. Aus diesem Trotz des Kindes kann sich später vielleicht ein guter Charakter entwickeln.

Daran, dass ein Kind etwas möchte, ist nichts Böses. Man muss nur erkennen, was das Kind möchte;

manchmal kann ein Kind ganz vernünftige Dinge wollen.

Eines Tages spielte sich bei mir zu Hause Folgendes ab: Unsere kleine Tochter ging in den Kindergarten. Einmal hörte ich einen Schrei aus dem Zimmer und wusste nicht, was passiert war. Meine Mutter sagte: „Weißt du, sie möchte um nichts in der Welt diese Strümpfe anziehen." Ich fragte: „Warum? Ania, was ist los?" Sie war damals fünf Jahre alt. Wisst ihr, was sie geantwortet hat? „Weil mir doch diese Strümpfe nicht zu den Haarschleifen passen." Sie passten wirklich nicht dazu! Ich antwortete: „Mama, schau, nicht diese Farbe, warte, wir suchen welche, die zu den Schleifen passen." Ein Kind hat bereits einen Blick für Ästhetik; ein kleines Mädchen, eine kleine Frau, weiß sofort, was nicht passt.

Man muss überlegen, warum ein Kind auf etwas besteht, und darf es nicht für böswillig halten. Seien wir uns bewusst, dass der Teufel auch auf Kinder einwirkt.

Zu diesem Thema stellte jemand bei einem Treffen des Studienzweigs Familientheologie in Krakau in den Gemächern von Erzbischof Karol Wojtyła folgende Frage: „Wie kann es sein, dass anständige Eltern ihren Glauben praktizieren, die Kinder aber ..." Karol Wojtyła unterbrach ihn: „Sie müssen sich vorstellen, dass da jemand ist, der Zwietracht sät, der eure Kinder vernichten will. Schützt die Kinder vor dem Teufel!"

Wenn ein Kind auf etwas besteht, soll man so reagieren: „Weißt du, wahrscheinlich reitet dich der Teufel. Man muss ihm Widerstand leisten. Beten wir zu deinem Schutzengel, vielleicht benimmst du dich dann anders!" Das kehrt das Problem um. „Warum führst du dich so auf? Du bist ein braves Kind, also führt dich offensichtlich der Teufel in Versuchung." Es geht nicht darum, dem Kind Angst vor dem Teufel einzujagen, sondern verständlich zu machen, dass man um das Gute kämpfen muss. Und vor allem muss man das Kind lehren, Situationen einzuschätzen.

Ich erinnere mich an meinen Kindergarten und unsere Katechetin, eine hübsche, junge Nonne, die wunderschön sang. Sie hat uns Kindern auf eine große Tafel eine Tabelle mit einer Spalte für jeden von uns für die ganze Woche aufgezeichnet. Und jeden Tag, wenn wir in den Kindergarten kamen, dann hatten wir die Aufgabe, uns selbst einzuschätzen. Wenn man am vergangenen Tag zu Hause brav gewesen ist, zeichnete man eine Sonne; wenn nicht besonders brav, dann eine Wolke; wenn man noch schlimmer war, dann Regen und wenn man ganz schlimm war, dann einen Blitz. Kindergartenkinder haben sich selbst beurteilt. Ich erinnere mich daran, als ob es gestern gewesen wäre, und es ist schon fast 90 Jahre her. Ich erinnere mich an den Unterricht und an diese Klosterschwester. Auch daran, dass ich beurteilen konnte, ob ich brav oder schlimm gewesen war. Kindern muss man eine Chance geben, es sind doch Menschenkinder, sie haben Verstand. Es geht darum, dass der Mensch von Anfang an lernt, dass er Aufgaben hat, selbst etwas tun muss, sich verbessern muss. Wenn er sich verbessert, dann gebührt ihm Lob, man muss ihn küssen, herzen und sagen: „Da freue ich mich sehr, dass du brav bist." Das Kind soll man dafür loben, dass es brav war.

Und umgekehrt, wenn das Kind schlimm ist, können ihm die Eltern zeigen, dass sie das traurig macht. Der Vater kommt und sagt: „Weißt du, ich bin traurig, denn Mama hat mir gesagt, dass du ungehorsam warst." Die Traurigkeit des Vaters als Strafe. Freude als Lob. Man muss in seinen Kindern einen gesunden Ehrgeiz nach Verbesserung wecken. Werdet vollkommen! Strebt nach Vollkommenheit! Warum nicht?

Schule

Jeder andere Mitwirkende am Erziehungsprozess kann … in einem gewissen Maße … in ihrem [der Eltern] Auftrag tätig werden.

Johannes Paul II., *Brief an die Familien*

Die Wahl der Schule ist schwierig und von großer Bedeutung, weil man sich doch bemühen muss, die Schule für das Kind gut auszuwählen, so wie das mein Vater gemacht hat. Ich kam sehr spät als Jüngste auf die Welt, meine Eltern waren schon in Rente. Obwohl wir nicht gerade in guten finanziellen Verhältnissen lebten, hat mich mein Vater nach einem halben Jahr Unterricht in der staatlichen Schule auf die teure Ursulinenschule geschickt, wo ich dann zehn Jahre lang blieb.

Er hat für mich die beste Schule in Lublin ausgewählt. In Wahrheit hatten sie keine hohen Kosten für meine Ausbildung zu bezahlen, denn ich erhielt auf der Stelle ein Stipendium wegen meiner guten Leistungen, nichtsdestoweniger war die Entscheidung meiner Eltern eindeutig: Obwohl ihre finanziellen Verhältnisse schwierig waren, sollte ihr jüngstes Kind die ihrer Ansicht nach bestmögliche Ausbildung erhalten. Die Ursulinenschule hatte einen ausgezeichneten Ruf.

Ich war immer der Meinung, die Schule muss sehr sorgfältig ausgewählt werden. Denn es kann sein, dass ein Kind, das gut erzogen und gläubig ist, in eine Schule kommt, in der Kinder ohne Glauben sind oder Kinder, die Schimpfwörter gebrauchen. In diesem Fall muss man das Kind loben, wenn sein Benehmen dennoch gut ist. Aber im Allgemeinen wird ein Kind von der Umgebung beeinflusst. Wenn es also in eine bestimmte Umgebung kommt, so benimmt es sich wie die anderen.

Manchmal ziehen die Eltern vom Land in die Stadt und die Kinder sind dann schlechten Einflüssen ausgesetzt. Junge Menschen aus einer kleinen Stadt ziehen nach dem Abitur zum Studieren an der Universität in ein Studentenwohnheim, wo die jungen Frauen dem Druck der Umgebung nachgeben und ihre Jungfräulichkeit verlieren.

Man muss den Kindern beibringen, dass sie nicht nachgeben dürfen, was sehr schwierig ist, aber das Zuhause muss ein Bollwerk sein. Auch die Schule muss so beschaffen sein, sie soll die Kinder vor der Welt schützen.

Wenn es möglich ist, dann sucht eine kleine Schule aus! Je kleiner die Schule, desto größer die

Wahrscheinlichkeit, dass das Kind gut erzogen wird. Schulzentren mit über tausend Kindern können Lehrer kaum überblicken. Ich bin Mitglied im Verband katholischer Schulen, sogar Ehrenmitglied, und ständig damit konfrontiert. Daher weiß ich, welch großer Unterschied besteht. In kleinen Schulen werden Kinder hervorragend erzogen. Es herrscht ein anderer Umgangston, Herzlichkeit und Kultiviertheit. Man sollte eine kleine Schule auswählen und Nachschau halten, mit der Schule in ständigem Kontakt sein.

Ich bin der Überzeugung, dass beide Elternteile zur Elternversammlung kommen sollten, sowohl der Vater als auch die Mutter. Und ich kommuniziere dies auch in Schulen, aber die Direktorin sagt oft: „Frau Doktor, es ist gut, wenn ein Elternteil kommt. Manche kommen überhaupt nicht, sind das ganze Jahr über kein einziges Mal in der Schule."

Man muss mit der Schule zusammenarbeiten und das von der Schule auch fordern.

Ich kann von meinen eigenen Erfahrungen aus der kommunistischen Ära berichten: Bei der Elternversammlung gab die Lehrerin die Daten für den Schulausflug – eine dreitägige Wanderung, Freitag, Samstag, Sonntag – bekannt. Ich fragte nach: „Entschuldigen Sie, aber wo kann mein Kind am Sonntag die Heilige Messe besuchen? Ich möchte mich in den Ablauf nicht einmischen, aber ich fordere, dass mein Kind am Sonntag die Heilige Messe besucht."

Die Lehrerin war verlegen, es herrschte Kommunismus, meinte aber: „Wie stehen Sie dazu?“ Alle Eltern haben mich unterstützt und dann hat sich die Lehrerin bei mir bedankt. Die ganze Klasse ging am Sonntag in die Kirche, irgendwo, wo sie halt waren. Aber wenn ich mich nicht geäußert hätte, wären sie nicht in die Heilige Messe gegangen. Eltern haben aber das Recht zu verlangen, dass ihr Kind am Sonntag die Heilige Messe besucht. Von der Schule muss man es fordern. Das Gleiche gilt für den Religionsunterricht; das Kind muss ihn besuchen, ob es will oder nicht. Das entscheidet nicht das Kind, sondern die Eltern. Die Kinder sind noch zu jung, sie haben hier nicht mitzureden.

Aber das Kind ist nur dann gehorsam, wenn es den Eltern vertraut. Das ist eine Frage der Haltung Kindern gegenüber. Man soll sich mit Kritik an Kindern zurückhalten, ihnen ganz im Gegenteil zeigen, dass sie geliebt werden. Nichtsdestotrotz ist die ständige Zusammenarbeit zwischen Schule und Eltern wichtig.

Zu meiner Zeit hat man gut mit den Eltern zusammenarbeiten können. Derzeit jedoch, bei dieser gesellschaftlichen Passivität, dieser Trägheit, interessieren sich Eltern überhaupt nicht für die Schule, sie unterstützen die Schule nicht, arbeiten nicht mit ihr zusammen. Das heißt allerdings nicht, dass dem überall so ist.

Ich kenne eine Schule, in welcher ausgezeichnet mit den Eltern zusammengearbeitet wird. Dort kümmern sich die Eltern selbst um Ausflüge, denn es gibt einige Eltern, die ein Auto haben und die ganze Klasse gemeinsam mit der Lehrerin auf den Ausflug mitnehmen. Der Sohn meiner Freunde, der diese Schule besucht, sagt: „meine heißgeliebte Lehrerin". Er liebt seine Lehrerin. Es gibt sie, solche Schulen, ich kenne eine!

Von euch hängt es ab, welche Schule ihr auswählt und wie ihr sie euch gestaltet. Man kann zum Beispiel darüber nachdenken, in jeder Klasse einen Elternrat zu gründen, der sich in bestimmten Zeitabständen trifft und Klassenprobleme bespricht. Nehmen wir an es gibt einen Vater, der Alkoholiker ist; wenn die Klasse 20 Kinder hat, dann gibt es 20 Männer, die diesem Vater helfen könnten. Diese Männer zeigen sich aber in der Schule überhaupt nicht.

Und es gibt Menschen, die bis heute zu mir „Mutter" sagen, das sind zum Beispiel Freundinnen unserer Tochter aus der Grundschule. Ich kenne sie schon das ganze Leben lang und schätze sie, es sind meine Freunde. Man muss Freundschaft auf der Welt vermehren, also den Nährboden für die Liebe schaffen. Das kann man auch durch die Schule.

Früher hatten Schulen ihre Würde und ihre eigene Schuluniform. Zu meiner Zeit kam jede Schule in einer anderen Uniform zu feierlichen Aufmärschen.

Wenn sich ein Kind auf der Straße ungehörig benommen hat, war durch seine Uniform sofort erkennbar, aus welcher Schule es stammte. Heutzutage verzichten Schulen darauf und man kann die Kinder auf der Straße nicht mehr zuordnen.

Vor ein paar Jahren war ich in Krakau auf einer Schulversammlung unserer Enkelin. Der Klassenvorstand sagte, die Direktorin sei einverstanden, dass Kinder Uniformen tragen, wenn die Eltern sich dafür entscheiden. Und was passierte? Für die Uniform waren ich und ein Vater, aber alle Mütter waren dagegen. Es gibt eine Modenschau, Mädchen gehen halbnackt in die Schule. Sie lernen sofort, sich unverschämt zu kleiden, statt die bescheidene Uniform zu tragen. Darüber hinaus erzeugt dies auch einen erheblichen Druck auf die Eltern, gewisse Modeströmungen mitzumachen.

Wir hatten einmal mit unserer Tochter ein Erlebnis. Sie kam eines Tages und fragte:

„Mama, gibt es zu Weihnachten eine Bescherung?"

„Ja, sicher."

„Und bekomme ich dann ein Geschenk?"

„Ja, bekommst du."

„Und auch zum Namenstag?"

„Ania, du bekommst doch immer etwas zum Namenstag. Worum geht es?"

„Mama, ich brauche keine Geschenke, aber kauft

mir bitte eine Jeanshose. Alle in meiner Klasse haben Jeans, ich bin die Einzige, die keine hat."

Fünf Dollar kostete sie damals in einem teuren Geschäft, PEWEX, wo man nur gegen Dollar einkaufen konnte. Also gingen wir hin und kauften diese dumme Hose, die allerdümmste Mode auf der Welt. Es gibt nichts Dümmeres, als einem Mädchen Hosen anzuziehen; aus einem einfachen Grund, es ist unhygienisch. Die Geschlechtsorgane der Frau sind nämlich offen, haben eine Schleimhaut, es muss Luft dazu. Es ist einfach unhygienisch.

Viel mehr noch, diese Mode – scheinbar bedeutungslos – ist eine gegen die Mutterschaft gerichtete Mode. In gewissem Sinn ist in Hosen kein Platz für Schwangerschaft, kein Platz für ein Kind. Normalerweise tragen Frauen in der Schwangerschaft letztlich Kleider, weil sie locker sitzen. Gar keine Frage, wie schön solche Kleider sein können!

Ich verstehe nicht, habe es nie verstanden, warum Frauen Männer nachahmen wollen. Hosen, diese Mode ist unästhetisch und unhygienisch.

Manchmal kamen Eltern zu mir aus Angst, dass „ihr Kind vom anderen Ufer sei", denn ihr Mädchen wolle keine Kleider tragen. Ein kleines Mädchen im Kindergarten. Ja schon, aber seine Mutter trägt Hosen, alle Kinder im Kindergarten tragen auch Hosen, warum sollte diese Kleine ein Kleid anziehen wollen?!

Ich sagte zu ihnen: „Führt ein Ballett auf, in dem wunderschöne Schmetterlinge in Kleidern tanzen, sodass sie Mädchen in hübschen Kleidern sieht. Mama soll ein Kleid tragen, Tante und Oma auch, dann wird sie es auch wollen." Und sie macht das, was alle machen, so wie heutzutage alle erwachsenen Frauen verrückt nach Mode sind. Die Schuld liegt also nicht an den Mädchen im Kindergarten. Da gibt es keinerlei „vom anderen Ufer", sie ist keine kleine Lesbe, sie ist ein normales kleines Mädchen, das Erwachsene nachahmt.

Mädchen, die mit Puppen spielen, ahmen ja ihre erwachsene Mutter nach. Dann wollen sie wie ihre Mutter gekleidet sein; sich so schminken wie ihre Mutter. Wenn sich ein fünfjähriges Mädchen schminken möchte, na, dann weiß ich, dass sich ihre Mutter schminkt. Es gibt jetzt sogar Schminkstifte extra für Kinder.

Man muss daran denken, dass ein Kind die Eltern nachahmt. Das geschieht automatisch und ist nicht zu verhindern. Alle Menschen folgen irgendeiner Modeströmung, aber es geht darum, ob man ihr mit Verstand folgt. Natürlich hatte ich nie etwas dagegen, Hosen beim Skifahren zu tragen, aber ich verstehe überhaupt nicht, warum ich an einem heißen Tag Hosen anziehen soll. Das ist etwas, was ich mit meinem Verstand nicht nachvollziehen kann. Ich weiß, Frauen wollen gefallen, aber ich kann zum Beispiel nicht verstehen, warum sie ihre Nägel lackieren. Sie zahlen auch noch für den Nagellack, dann splittert er ab und man muss ihn wieder entfernen. Dafür braucht man wieder sehr viel Zeit, denn es ist nicht so, dass sich das von selbst macht. Die Mutter oder die Lehrerin hat oft keine Zeit für ein Gespräch mit dem Kind, aber Zeit für den Friseur und um sich Finger- oder Zehennägel zu lackieren.

Wenn Frauen und Mütter so viel Zeit damit verbringen, ihren Körper zu pflegen, so werden ihre Töchter dasselbe tun. Und dann hat man keine Zeit für verschiedene andere Dinge.

Manchmal stieß ich Ärztekolleginnen vor den Kopf, als ich sie dazu einladen wollte, Unterricht zur Vorbereitung für das Familienleben zu erteilen. Damals war ich zwei Amtsperioden lang für Jugendangelegenheiten der Stadt Krakau zuständig und arbeitete mit Ärzten zusammen. Zu dieser Zeit gab es das Programm des polnischen Bildungsministeriums zur Vorbereitung auf das Familienleben noch nicht und ich wollte Unterricht zur Vorbereitung auf die Rolle als Frau und Mutter sowie als Mann und Vater einführen. Darauf antwortete mir eine Kollegin: „Ach, ich habe keine Zeit." „Warum?" „Weil ich zum Friseur gehe." Und ein Herr Doktor meinte: „Was soll ich ihnen sagen, wenn ich doch selber keinen Rat weiß!"

Erwachsene Menschen tun sich schwer mit Werten, die sie vorleben sollen. Wenn sie sich selbst schon schwertun damit, wie können sie es dann ihren Kindern zeigen?

Wenn für eine erwachsene Frau das Spiegelbild das Wichtigste ist, so wird das natürlich auch für ihre

Tochter so sein. Sie wird viel Zeit vor dem Spiegel verbringen. Einmal sagte ein Junge Folgendes: „Meine Schwester verbringt täglich zwei Stunden vor dem Spiegel." Und alle klopfen gegen die Badezimmertür, sie aber sitzt vor dem Spiegel und muss Wimperntusche, Wangenrouge auftragen, hier eine Farbe, dort eine andere …

Darauf erzählte ich den Mädchen in der zweiten Klasse von einem Gespräch mit dem Pfarrer, unserem Katecheten, nämlich als unsere Schulkollegin Zosia mit roten Fingernägeln kam und fragte: „Gefalle ich Ihnen, Herr Pfarrer?" Er aber nahm sie mit zum Fenster, wo man auf einen Garten sah und wo Dahlien blühten. Der Pfarrer fragte:

„Wer hat diese Blumen erschaffen?"

„Der liebe Gott."

„Was sind das für Farben?"

„Rot und orange …"

„Und wer hat dich erschaffen?"

„Auch der liebe Gott."

„Weißt du was, meine Liebe", – denn so nannte er uns immer – „wenn der liebe Gott gewollt hätte, dass du rote Fingernägel hast, dann hätte er sie dir gegeben. Verbessere nicht den lieben Gott!"

Liebe Eltern, denkt daran, dass ihr eure Kinder so erzieht, wie ihr selbst seid, und zu den Werten, die ihr selbst euer Eigen nennt! Als Vater und Mutter müsst ihr euch in diesen grundlegenden Werten einig sein.

Gemeinsame Wertehierarchie

Die Familie funktioniert, wenn sie auf der Grundlage des gegenseitigen Vertrauens und Anvertrauens gebaut wird. Nur auf so einem Fundament kann man den Erziehungsprozess beginnen. Er stellt das grundlegende Ziel der Familie und ihre erstrangige Aufgabe dar.
Johannes Paul II. *(Wrocław, 21. Juni 1983)*

Du hast einen Körper, Temperament, du hast aber auch eine Seele, von der du nicht weißt. Die Seele sendet keine Signale. Das Gewissen tut es aber. Man kann es unterdrücken oder es überhaupt nicht weiter ausformen. Die erste Arbeit an der Geisthaftigkeit besteht darin, sich des eigenen Gewissens bewusst zu sein, welches vorschreibt, wie man sich in der gegebenen Situation verhalten soll.

Wichtig ist eine Wertehierarchie. Die Geistigkeit bezieht sich auf Werte einer höheren Ordnung jenseits des Materiellen. Johannes Paul II. sagt: „Der Mensch kann ohne Regung nicht leben." Regung ist ein geistiges Erleben, welches sich nicht adäquat mit

Worten beschreiben lässt. Man kann gewisse Vergleiche anstellen. Es ist ein Erleben, in welchem der Mensch irgendwie über allem steht, was es gibt. Solche Momente können zum Beispiel durch das Erlebnis von Schönheit hervorgerufen werden.

Man kann von etwas Schönem begeistert sein: von einem Sonnenaufgang, einem schönen Blick auf Berge, von einer schönen Melodie, einem Buch, von Lyrik. Begeisterung ist ein Erleben, das in der Menschenseele entsteht, und sollte sofort Dankbarkeit dem Schöpfer gegenüber auslösen für das, was man bewundert.

Bei einem Besuch in Polen erwähnte Papst Johannes Paul II. als wichtigen Wert die Bereitschaft zur Aufopferung anhand des Beispiels der heldenhaften Verteidigung der Westerplatte am 1.9.1939. Er sagte: „Jeder muss seine Westerplatte haben." Für jeden sollte es etwas geben, wofür er bereit wäre, sein ganzes Leben hinzugeben. Eine Sache, wichtiger als ich und wichtiger als alles andere.

Wer jemals eine Pilgerreise ins Heilige Land unternommen hat, der kann das vielleicht verstehen. Ich hatte das Glück, dort zu sein, und auf dem Berg der Seligpreisungen hatte ich so ein Gefühl, dass ich mich von dort aus nirgendwohin bewegen will. Ich wollte dortbleiben und sterben! Nur mehr in den Himmel eingehen. Aber natürlich kehrte ich nach Hause und zu all meiner Arbeit zurück.

Aber es gibt solche Momente, in welchen der

Mensch weiß, dass es etwas Wichtigeres gibt als all das, was er bis zu diesem Zeitpunkt gemacht hat. Das ist eine Begegnung mit Gott und die Seele erhebt sich Richtung Himmel.

Zu den Frauen sagte der Heilige Vater: „Überspringe dich selbst. Halte dich nicht an dir selber auf." Man muss über die eigenen Gefühlsreaktionen hinausgehen. Geistiges Erleben liegt außerhalb des Körpers, denn der Mensch besteht nicht nur aus Körper, er ist von Geist durchdrungen. Und seiner Seele muss man Raum geben. Die Seele entfaltet sich in der Stille. In der Andacht und in der Stille. Anders spricht Gott nicht zu uns.

Einmal fragte ich einen jungen Mann:

„Wann warst du bei der Beichte?"

Manchmal frage ich das, weil ich das Gefühl habe, dass ich verantwortlich bin für jene, die zu mir kommen. Wenn ich jemandem helfen möchte, dann nicht nur, dass sein Kopfweh aufhört, sondern vor allem, dass er in den Himmel kommt. Ich frage:

„Wann warst du beichten?"

Und erhalte die Antwort:

„Keine Ahnung."

„Was ist los mit dir, hast du mit 16 Jahren schon dein Gedächtnis verloren? Was heißt das, du weißt es nicht?"

Schließlich sagt er:

„Vielleicht vor fünf Jahren."

„Warum gehst du nicht zur Beichte?"

„Ich empfinde es nicht als notwendig." Er zuckt mit den Achseln.

„Junge, hast du in Biologie etwas Anatomie gelernt? Weißt du, was Magensäfte sind?"

„Ja."

„Na, dann weißt du, mein Lieber, dass die Seele nicht der Magen ist. Die Seele kannst du nicht spüren, weil sie nicht zum Körper gehört. Über die Seele musst du wissen, dass du sie hast, denn du bist ja kein Tier. Die Seele erkennt man mit dem Verstand."

Deshalb betonte der Heilige Vater besonders, dass der Glaube, obwohl Geschenk Gottes, durch den Verstand des Empfängers bedingt ist. Der Mensch muss glauben wollen, denn wenn er nicht will, wird er nicht glauben. Er muss bereit sein, sich zu öffnen, Menschenverstand anzuwenden.

Der Mensch, der über Verstand verfügt, ist immer auf der Suche nach der Antwort: Wo komme ich her? Wo kommen die Menschen her? Wie entsteht ein Kind? Und wenn er in einer positiven Haltung sucht, es wissen will, erkennt er den Schöpfer an, weil der Beweis für die Existenz Gottes doch die Existenz der Menschen ist. Und der Welt. Der Schöpfer offenbart sich durch seine Werke. Entdecke die Seele sowohl in dir selbst als auch in jedem anderen und nimm Kontakt mit Gott auf – bete!

Es geht nicht um das „wie", nur darum, mit ihm unbedingt in Kontakt zu treten. Jesus sagt dazu: „Denn wo zwei oder drei in meinem Namen versammelt sind, da bin ich mitten unter ihnen!“ (Mt 18,20) Er meint auch: „Du aber gehe in deine Kammer, wenn du betest, und schließe die Tür zu“ (Mt 6,6).

Manche Menschen kommen in der Stille leichter ins Gespräch mit Gott, dort, wo sie ganz allein sind. Andere wiederum tun sich leichter, wenn sie von einer betenden Menge umgeben sind. Der eine singt, der andere aber schweigt.

Finde deine Seele und betrachte sie! Was brauchst du, um dich mit Gott unterhalten zu können? Der Heilige Vater sagt: „Gott spricht in der Stille.“ Sicher ist jedoch eines: Werde still! Lärm stört. Das Böse bringt Lärm in die Welt, brüllend und gellend laut.

Diese afrikanischen Melodien, die aus dem Busch nach Europa kamen, führten bei ganzen Stämmen zu Psychosen, riefen kompletten Wahnsinn hervor. Jetzt sind sie da. Dieses furchtbar laute Dröhnen überschreitet sogar die Aufnahmefähigkeit des menschlichen Ohrs, es ist ein Teufelswerk.

Werde still!

Versuche zu verstehen, dass du vor Gottes Angesicht stehst!

Wer das Glück hatte, Karol Wojtyła persönlich zu kennen, wusste, dass er ständig im Zwiegespräch mit Gott war.

Er war sich ständig der Anwesenheit Gottes bewusst. Gott ist hier, er ist in jedem Augenblick bei uns. Bei uns, bei jenen, welche die heilige Kommunion empfangen haben. Dieses Bewusstsein muss man sich aber ständig ins Gedächtnis rufen, sonst verschwindet es. Denn die materielle Welt wirkt auf den Körper ein und zeigt sich dir. Und deshalb sagte er: „Öffnet die Augen der Seele.“ Die Augen der Seele sehen etwas anderes als die Augen des Körpers.

Still werden und darüber hinaus sich Zeit geben, still zu werden. Menschen planen diese Zeit nicht ein, um sich von allem freizumachen und ausschließlich an Gott zu denken. Vielleicht manchmal während Exerzitien. Gott sei Dank gibt es sie! Es ist genau das: still werden, nur Gott und ich. Und dann ein Gebet sprechen oder über ein Gebet reflektieren.

Als Karol Wojtyła mit Jugendlichen Ausflüge unternahm, lehrte er sie bewusste Reflexion. Ich erinnere mich an einen solchen Ausflug, bei welchem er täglich fast den ganzen Tag hindurch Meditationen nur über das *Vater Unser*-Gebet führte. Jeden Tag ein Wort. Heute *Vater,* morgen *unser* und so weiter, Wort für Wort.

Jedes Wort des Gebetes, das uns Christus vorbetete, hat eine Bedeutung. Menschen denken nicht daran, sie beten dieses *Vater unser* sehr oft vollkommen gedankenlos. Und dabei ist es doch eine Erklärung sehr großer Postulate: Vergib uns unsere Sünden, so wie auch wir vergeben.

Willst du wirklich, dass Gott dich so behandelt, wie du andere Menschen behandelst?

Jedes Wort hat Gewicht und der Mensch muss

das Gewicht seiner Worte widergeben. Die heutige Generation ist arm, weil sie nicht versteht, was ein Ehrenwort ist. Zu meiner Zeit galt ein Ehrenwort als absolut heilig. Wer sein Ehrenwort gab, wäre lieber gestorben, als es zu brechen. Es war die Ehre des Menschen, der nach dem Abbild Gottes geschaffen war: Ein Ja war ein Ja und ein Nein war ein Nein.

„Ohne Helldunkel", wie Norwid sagte.

In der Ehe müssen sich zwei Seelen, Mann und Frau, treffen und vereinen. Karol Wojtyła nennt es Gemeinschaft von Personen – *communio personarum*. Wie kann man Seelen vereinen? Dadurch, dass man gleiche Werte schafft.

Es soll uns das Gleiche ansprechen, es sind keine Worte nötig. Es ist nicht so, dass darüber Worte fallen müssen wie: „Hör mal, ich verstehe deine Seele." Darum geht es nicht. Es ist so ein Augenblick …

Es gibt eine Szene in (dem Buch) *Leben, Liebe und Tod des Obersten Wołodyjowski*, wie er mit seiner Ehefrau Basia auf der Burg Zbaraż auf der Schanze sitzt und weiß, dass er seinem Ehrenkodex folgend sterben muss. Und sie weiß es auch. Sie reden nichts. Sie sind beisammen.

Die Stille gemeinsam suchen. Nicht reden, nichts tun, nichts kaufen, nichts machen, keine Ablenkung suchen. Ruhig sitzen und in der Stille gemeinsam sein.

Stiller Körper, stille Gefühle und das Bewusstsein – ich fühle mich sicher bei diesem Menschen, der mich liebt. Das Bewusstsein der geistigen Liebe vermittelt Sicherheit. Volles Vertrauen, mehr als nur Vertrauen.

Der Heilige Vater nennt dies *Sich-Anvertrauen*.

Ich vertraue mich dir an, weil ich weiß, dass du mir kein Unrecht tust. Ich habe zu dir volles Vertrauen. Es erscheint in mir als Antwort auf das, was du mir gibst, weil es eine gegenseitige Gabe ist. Gemeinsam verstehen wir alles, gemeinsam sind wir über dasselbe traurig.

Deshalb kann es nicht so sein, dass sie gläubig ist, er aber nicht. Er soll verstehen, warum sie gläubig ist, und ihr nachfolgen. Denn sie, Eva, ist von Gott geschaffen, um Adam zu Gott zu führen. Als Hilfe für Adam, als Hilfe für den geistigen Adam, nicht nur für seinen Körper.

Die Frau muss in die Rolle der Jungfrau aus Nazareth schlüpfen, von der Gestalt Evas zur Gestalt Marias wechseln. Maria ist gehorsam, sie gibt sich ganz Gott hin: „Ich bin die Magd des Herrn."

Die Aufgabe der Ehefrau kann auch in der Bekehrung ihres Ehemannes bestehen.

Und es ist sehr oft so, dass ein junger Mann zur Kirche geht, solange er studiert, in der Ehe aber damit aufhört, und sie nicht darauf reagiert. Dann hört auch sie auf, zur Kirche zu gehen. Dann auch die Kinder. Und es entsteht religiöse Gleichgültigkeit, Gleichgültigkeit Gott gegenüber.

Gott hat dich erschaffen, er hat dich mit allem

beschenkt, was du hast – du bist ihm Dankbarkeit schuldig.

Als er schon älter war, hat mir der Heilige Vater eine Haltung gezeigt, von der er früher nicht gesprochen hatte: „Bitte Gott um nichts, denn er weiß besser, was du brauchst, und du sollst Gott nur loben und ihm für alles danken."

Nur loben und danken, weil du nicht weißt, worum du bittest. Die hl. Theresa hat dazu gesagt: Wenn Gott einen Menschen bestrafen will, dann gibt er ihm das, worum er ihn bittet. Denn der Mensch weiß nicht, worum er bittet. Das weiß er erst am Lebensende. Das Leben ist ein solches Puzzlespiel, bei dem alle Teile ineinanderpassen. Was zuerst unverständlich war, lässt sich später gut verstehen.

Der Mensch lernt, solange er lebt.

Jungen Ehepaaren rate ich: „Sichert dem Kind den Himmel, indem ihr das macht, was Jesus der hl. Margareta zum Herz-Jesu-Freitag versprochen hat."

Nach der Erstkommunion nehmt das Kind mit Entschiedenheit bei der Hand und begleitet es neun Monate lang jeden ersten Freitag im Monat in die Kirche, damit es die heilige Kommunion empfängt. Denn Jesus verspricht, dass ein Mensch, welcher neun Mal hintereinander am ersten Freitag im Monat nach der Beichte die heilige Kommunion empfängt, nicht in Todsünde stirbt. In diesem Menschen wird er das Bedürfnis zur Umkehr erwecken oder solche Bedingungen schaffen, die ihm dies ermöglichen. Das ist ganz einfach ein Freifahrtschein in den Himmel. Man sollte das aber beachten, solange das Kind klein ist.

Vor allem muss man über die Existenz der menschlichen Seele sprechen und daran denken, was alles in ihr liegt. Der Mensch kann schwindeln, Lügen erzählen, die Gefühle nicht offen zeigen, aber die eigene Seele und das Gewissen kann man nicht betrügen.

Gerade in der Seele entwickelt sich die Liebe, die mit diesem einen auserwählten Menschen ein gegenseitiges Verständnis ermöglicht. Man soll auf den anderen mit den Augen der Seele schauen, ihm mit den Ohren der Seele zuhören.

Sehr oft sagen Menschen in einer negativen Gefühlswallung, im Zorn, Dinge, die überhaupt nicht wahr sind. Das kommt von der Nervenanspannung und Unbeherrschtheit. Besonders Frauen drohen manchmal im Zorn: „Ich möchte die Scheidung", „Verschwinde!" Und wollen dies aber ganz und gar nicht.

Eigentlich möchte sich die Frau nicht scheiden lassen, sie ist Katholikin, gläubig, es ist einfach nicht wahr. Der Mann aber nimmt es wörtlich. Wenn sie sagt: „Verschwinde!", dann geht er. Ich kenne so einen – er packte seine Sachen und ging. Und jetzt möchte sie, dass er zurückkommt. Aber sie hat ihn doch selbst hinausgeworfen, sie hätte sich doch beherrschen können. Dazu muss man sich selbst erziehen.

Eines Tages brachte ich einen 14-jährigen Jungen im

Kinderheim unter. Ich sah mich dazu gezwungen, denn die Mutter dieses Jungen hat jedes Mal, wenn er schlimm war, gedroht, dass sie ihn ins Kinderheim geben würde, und die Drohung nie wahrgemacht. Natürlich hat er sie dann nicht mehr ernst genommen.

Um schließlich die Autorität der Mutter in den Augen dieses Jungen zu retten – der Ehemann hatte sie verlassen, sie war alleinerziehend – brachte ich ihn für zwei Wochen im Kinderheim unter.

Frauen müssen auf ihre Worte achten, weil sie alles Mögliche sagen. Sie müssen ihre Zunge im Zaum halten, ihre Gefühle beherrschen. Und Männern rate ich:

„Wenn deine Frau etwas sagt: zum einen Ohr rein, zum anderen raus! Nimm gar nicht ernst, was sie sagt!"

Er sagt:

„Wie das? Dann nehme ich sie nicht ernst."

„Nein, dann verhältst du dich klug, denn sie denkt nicht nach, bevor sie etwas sagt."

Das ist ein Übermaß an Erregung; diese Reaktionen entstehen sehr leicht, aber sie ändern sich. Eine Frau ist imstande, am Morgen zu sagen, dass sie ihn liebt, am Abend wiederum, dass sie ihn hasst, oder umgekehrt. Gefühle ändern sich ständig.

Wie man mit Gefühlen umgeht, zeigt uns Jesus in den Geboten: Liebt eure Feinde! Die Forderung, seine Feinde zu lieben, bedeutet das gänzliche Außerachtlassen einer Bandbreite an Gefühlen. Die Gefühle einem Feind gegenüber sind negativ: Hass, Abscheu und Zorn. Jesus befiehlt, ihn dennoch zu lieben.

Also zählen diese Gefühle nicht, sie haben keinerlei Bedeutung. Man muss die Spreu vom Weizen trennen, zum wahren Kern vordringen – darum geht es. Weg mit der Spreu. Sich nicht damit aufhalten.

Das ist nicht leicht und Frauen können das oft nicht. Häufig treten auch Gefühle wie Eifersucht, Rachegelüste und Wut auf. Sie sind schwer auszuhalten. Das bedeutet nicht, dass jeder Mann im Umgang leicht wäre, aber Männer haben eine weniger komplizierte Persönlichkeit und bemerken nicht so viele Kleinigkeiten, die bei Frauen Reaktionen auslösen.

Im Allgemeinen können Männer sich und ihre Gefühle besser beherrschen. Frauen hingegen sind sensibel und empfindlich, wiederholen dieselben Klagen hunderte Male; z.B. dass er „über sie schlecht geredet hat", „etwas schlecht gemacht hat", „etwas nicht gewusst hat", „an ihren Namenstag nicht gedacht hat", „an ihren Geburtstag nicht gedacht hat" usw.

Ich rate dem Mann: „Nimm doch einen Kalender und schreibe dir auf: den Namenstag deiner Ehefrau, den Geburtstag eures Sohnes, sonst vergisst du es und die Ehefrau vergibt dir nicht, dass du den Geburtstag eures Sohnes vergessen hast. Sich diese Daten zu merken, ist wichtig, denn sie erinnert sich an alles und wird dir Vorwürfe machen. Hundert Mal. Und wie willst du dich verteidigen? Du hast es offensichtlich vergessen, ja und? Sie wird dir den Kopf dafür abreißen."

Frauen wiederum sollten wissen, dass man sich in Kleinigkeiten nicht verlieren soll. Geschweige denn wüste Kämpfe führen soll um solch unbedeutende Äußerlichkeiten wie um einen Fleck auf dem Fußboden, schlecht abgewaschenes Geschirr, allgemeine Unordnung zu Hause oder fehlende Bereitschaft zur Mithilfe seinerseits usw.

Doch es gibt auch wichtigere Angelegenheiten, Jahrestage, die man nicht übersehen darf. Es wäre gut, an jedem Hochzeitstag den Pfarrer um eine Heilige Messe zu bitten und die ganze Familie, alle Tanten, Onkel, Großeltern, als Zeugen des Ehebundes dazu einzuladen – als Erinnerung, dass wir mit Gott verbunden sind.

Der Hochzeitstag ist ja nur ein Tag im Jahr. Dieses eine Mal kann schon die ganze Familie zusammenkommen – zumindest so gut sollte unsere Beziehung zur Familie sein. Wichtige Angelegenheiten, nämlich dass wir das Sakrament der Ehe miteinander eingegangen sind oder dass wir am Ende sterben müssen, sollen wir immer im Gedächtnis haben.

Gut ist auch, den Geburtstag des Kindes gemeinsam zu feiern. Der Papa soll das Kind an diesem Tag nehmen und sich gemeinsam mit ihm bei Mama bedanken, denn es war für sie ein schwerer Tag, sie hat sich geplagt. Das Kind soll Mama ein schönes Bild malen, ihr einen Blumenstrauß pflücken oder etwas Ähnliches, denn das ist ein Tag für die Mutter.

Natürlich möchte das Kind Geschenke erhalten und erhält sie auch von den Eltern. Aber in Wirklichkeit sollte eigentlich die Ehefrau von ihrem Ehemann ein Geschenk zum Geburtstag des Kindes erhalten und nicht das Kind. Vater und Kind geben Mama gemeinsam etwas, denn es ist ein wichtiger Tag; sie hat an diesem Tag unter Schmerzen ein Kind auf die Welt gebracht.

Man muss Mutterschaft positiv betonen, zumal Frauen heutzutage die Mutterschaft nicht wollen, sondern ablehnen. Wenn ihr aber Mann und Kind dafür danken würden, dass sie das Kind auf die Welt gebracht hat, wäre das ein anderer Zugang zu der Tatsache, dass die Frau die Gebärerin ist.

Jede Frau, die ein Kind hat, ist Mutter und Gebärerin – *genetrix*.

Dankt nicht, sondern lest!

Ich spreche mit der Kraft seiner [Christi] Wahrheit zum Menschen unserer Zeit, damit er begreift, welche großartigen Güter die Ehe, die Familie und das Leben sind.

Johannes Paul II., *Brief an die Familien*

In der Enzyklika *Humanae vitae* hat Papst Paul VI. einen Appell an die Bischöfe gerichtet, die Familienseelsorge solle oberste Priorität haben. Bischof Karol Wojtyła hat sich bekanntlich viel damit beschäftigt und sein ganzes Leben lang diese Empfehlung umgesetzt. Er hat nicht nur weitere Schriften als Papst herausgegeben, sondern auch seelsorgerische Strukturen geschaffen. In Krakau hat er ein Familieninstitut und ein weiteres an dem tragischen 13. Mai 1981 an der Päpstlichen Lateranuniversität gegründet sowie auch den Päpstlichen Rat für die Familie (1981). Gleich danach wurde eine Familiensynode einberufen. Dann folgten noch Schriften *Familiaris consortio (1981)*, *Brief an die Familien* (1994), *Evangelium vitae* (1995).

Als das Mitglied des Päpstlichen Rates für die Familie, Bischof Stanisław Stefanek, sich eben für diesen Brief bedankte, unterbrach Johannes Paul II. seine Dankesrede und sagte: „Dankt nicht, sondern lest!“

Das soll man heute den Polen in Erinnerung rufen. Obwohl viele von ihnen nach Rom pilgern, kann man dennoch eine beschämende Ignoranz der päpstlichen Schriften beobachten. Dabei sind diese wirklich wegweisend. Der Ehestand ist die schwierigste Berufung, bedeutet in gewissem Sinn totale Hingabe – er erfordert volle Liebe, gänzliche Hingabe von Körper und Seele ein Leben lang. Ohne die Hilfe des Heiligen Geistes kann kein Mensch die eheliche Heiligkeit verwirklichen.

Von diesem *Brief an die Familien* kann man nicht sagen, dass er schwer zu lesen wäre, denn er ist der einfachste Text Johannes Pauls II. – ein Brief an alle Familien, an jede einzelne Familie.

In einer anderen Schrift, dem Nachsynodalen Apostolischen Schreiben *Familiaris consortio*, entwickelt Johannes Paul II. die Lehre von *Humanae vitae* und spricht darin nicht nur über Fruchtbarkeit, sondern auch über die Aufgabe der Eheleute sich selbst gegenüber, über die Gemeinschaft von Personen.

Und die dritte Schrift für Ehepaare, *Evangelium vitae*, ist eine unerhört deutliche Enzyklika, welche die Radikalität des Glaubens zutage bringt. Gerade darin schreibt Johannes Paul II. klar und deutlich, dass jeder, der für Abtreibung stimmt, der dazu anstiftet, der ein solches Gesetz erlässt oder der sie durchführt, von der katholischen Kirche mit der Strafe der Exkommunikation belegt wird.

Natürlich kann ein Pfarrer einem Gläubigen die heilige Kommunion nicht verweigern, weil ihm sein Inneres nicht bekannt ist, obwohl dieser vielleicht in der Öffentlichkeit Anstoß erregt und sich öffentlich für die Abtreibung ausgesprochen hat. Man darf in Parlamentswahlen nicht für jemanden stimmen, der in der Öffentlichkeit gegen das Leben auftritt, weil die Kirche diese Sünde auf die härteste Weise mit dem Ausstoß aus dem Schoß der Kirche bestraft. Es lohnt sich, alle Schriften Johannes Pauls II. zu studieren.

In der Enzyklika *Evangelium vitae* erwähnt der Papst eine schöne Szene zum Thema „Dialog der Kinder im Leib der Mutter", in der die Muttergottes zu Elisabeth geht und der kleine Johannes der Täufer im Schoß der Mutter weiß, dass der Herr zu ihm gekommen ist – Jesus im Schoß Marias – und vor Freude hüpft.

Dieses Evangelium hat 2000 Jahre vor der pränatalen Psychologie das vorweggenommen, worüber man heutzutage spricht, nämlich dass das Kind vor der Geburt schon etwas weiß, fühlt und durchlebt. Die Heilige Schrift hat schon längst bestätigt, dass die Leibesfrucht nicht eine Ansammlung von Zellen ist, sondern uns am Beispiel des hl. Johannes gezeigt, dass es ein lebendiger Junge ist. Er weiß, dass der Herr zu ihm kommt, und freut sich darüber. Johannes Paul II. hat das sehr schön ausgedrückt. Alles, was er geschrieben hat, ist wert, gelesen und überdacht zu werden.

Sagt niemals, dass ihr keine Zeit zu lesen habt, denn das ist eine weitverbreitete Lüge! Hunderte Male höre ich: „Ich habe keine Zeit." Ich aber sage: „Lüge nicht! Was soll das heißen? Jeder hat 24 Stunden. Sage mir, was machst du mit deiner Zeit?"

Die Menschen machen doch etwas in diesen 24 Stunden, die sie zur Verfügung haben. Wie oft wird Zeit einfach verschwendet. Es treffen sich zwei Frauen und zwei Stunden sind im Nu verflogen, wo ist die Zeit nur hin? Sie haben doch nur bei einem Kaffee geplaudert. Männer tun das auch zuweilen.

In einem gewissen Zeitraum hat die Krakauer Stadtbehörde spezielle Bars und Cafés für Jugendliche organisiert. Einmal begleitete ich ein Mädchen in ein solches Café, denn ich sollte auf es aufpassen. Ich setzte mich an den Tisch nebenan und beobachtete das Mädchen mit zwei anderen Jugendlichen. Sie saßen drei Stunden dort. Ich auch. Zum Schluss sagte ich: „Fasst zusammen, worüber ihr die drei Stunden lang geredet habt!" Sie konnten es nicht sagen. Über nichts! Drei Stunden haben die drei dagesessen bei einem Kaffee und einem Bier und haben nichts gemacht. Sinnlos!

Wie viele sinnlos vergeudete Stunden haben Menschen hinter sich? Und doch werden wir irgendwann für jedes unserer Worte beim Jüngsten Gericht Rechenschaft ablegen müssen. Für jeden Gedanken, jedes Wort.

Schwer zu sagen, wie der Mensch seine Zeit nutzt. Vielleicht zeigt sich, dass er Zeit gehabt hätte, obwohl er angeblich keine hatte. Jeder ist für alle Taten, Worte und Gedanken verantwortlich.

Johannes Paul II. sagte zu Ärzten: „Schafft eine starke Basis katholischer Ärzte", damit ihr die öffentliche Meinung beherrscht. Die Medizin heutzutage ist nämlich gegen die Heiligkeit von Mensch und Familie gerichtet.

Jeder gläubige Arzt soll dafür einstehen, dass junge Menschen jungfräulich und unberührt bleiben. Vorehelicher Geschlechtsverkehr richtet großen Schaden an, bedroht die Heiligkeit. Es geht ja um die Erlösung, das ewige Leben.

Nirgends ist es gelungen, eine starke Basis katholischer Ärzte zu schaffen, weder in Polen noch in Europa oder irgendwo auf der Welt, obwohl es auch einen Weltärztebund gibt. Es gibt eine Menge anständiger Ärzte, die zwar die Heilige Messe besuchen, aber ein Verband katholischer Ärzte, was geht sie das an? Es sollte sie etwas angehen, denn viele Ärzte schaden der Welt und auch deiner Familie, denn deine Kinder werden das lesen, was diese Ärzte zum Thema menschliches Leben und Heiligkeit sagen.

Wenn tausende Ärzte in der Abtreibungsdiskussion erklärten, es gäbe keinerlei Indikation, ein Kind zu töten, dann würde diese Stimme im Europäischen Parlament zählen.

Man muss Zeit für das haben, was objektiv wichtig ist.

Die Menschen denken nicht darüber nach. Ein Beweis für ihre Gedankenlosigkeit sind Wanderwege und Grünflächen. Sie fahren mit ihren Kindern mit dem Auto ins Grüne und lassen im Gebüsch Pampers und anderen Müll zurück. Scheinbar eine Kleinigkeit, aber alle Erwachsenen sollten doch für die Schönheit der Welt kämpfen.

Wenn wir mit Johannes Paul II. im Wald unterwegs waren, hatten wir die Angewohnheit, dort Müll aufzusammeln. Ich mache das bis heute, ich kann es mir nicht abgewöhnen. Mir tut im Wald weggeworfener Müll weh. Einmal erlebte ich Folgendes: Auf einer Wiese, die als Böschung zu einem Fluss sanft abfiel, waren viele Menschen baden; es war heiß. Ich trete aus dem Wald, komme von oben mit einem Sack und sammle Müll. Ich sage kein Wort. Auf der Wiese stehen Zelte, wo sich Kinder mit ihren Eltern aufhalten. Ich gehe in Richtung der Zelte und sammle Müll auf. Nach kurzer Zeit läuft ein kleines Mädchen zu mir her und wirft Müll in meinen Sack, dann ein zweites und langsam beginnen die Kinder, Müll aufzusammeln. Oben auf der Anhöhe kam sogar ein junger Mann und sagte: „Grüß Gott, ich habe ein Fahrrad, ich bringe das zum Mülleimer."

Den Kindern muss man ein Vorbild sein.

Ich habe sie nicht angebrüllt: „Ihr seid so schlampig! Ihr lasst euren Müll liegen." Nein! Sie machen es so, ich mache es anders.

Das Schwierige an der Erziehung ist die Sensibilisierung durch positive gesellschaftliche Taten.

„Eure Taten werden über euch richten."

Karol Wojtyłas Anthropologie

Eine Person ist eine Wesenheit jener Art, gegenüber der der einzig richtige und angemessene Weg der Beziehung die Liebe ist.
Karol Wojtyła, *Liebe und Verantwortung*

Männer, die im Allgemeinen intellektuell interessierter sind, sollten einfach die Lehre Johannes Pauls II. nachlesen; alles, was er selbst von Anfang an geschrieben hat.

Seine Arbeit als Ethikprofessor begann mit einer Vorlesung an der Katholischen Universität Lublin unter dem Titel *Liebe und Verantwortung*. Das war eine positive Analyse menschlicher Liebe. Er beobachtete als Seelsorger junge Menschen, freundete sich mit ihnen an. Wenn sie zu ihm kamen und sagten: „Vater (original: Wujku wörtl. „Onkel"), wir lieben einander", verbesserte er sie und erwiderte: „Sagt das nicht! Sagt es anders: ‚W*ir haben an der göttlichen Liebe teil*', denn wenn ihr nicht an der göttlichen Liebe teilhabt, ist es keine Liebe!"

Diese Vorlesung über die Liebe an der Katholischen Universität Lublin wurde als Buch unter dem Titel *Liebe und Verantwortung* gedruckt. Das sollten alle Männer lesen, die vorhaben zu heiraten.

Das zweite philosophische Werk Karol Wojtyłas *Person und Tat* ist eine Strukturanalyse jener Menschen, welche einander lieben lernen sollen. Darin ist das Konzept der Selbstbeherrschung und des Selbstbesitzes beschrieben. Vor allem sollte jeder Mensch bei sich selbst mit der Erziehung beginnen – er muss zur inneren Integration finden –, denn der Mensch ist eine komplexe Einheit und muss die Beherrschung über diese Komplexität erlangen. Die menschliche Person *in fieri est*, sie entwickelt und entfaltet sich, befindet sich ständig im Prozess der Entwicklung und der Mensch wird so wie seine Taten.

Karol Wojtyła betont besonders die Verantwortlichkeit für die Taten, welche eben die Grundlage beim Jüngsten Gericht über den Menschen sein werden. „Eure Taten werden über euch richten" (so schrieb er im *Brief an die Familien*).

Es lohnt sich, den Gedanken dieses Philosophen zu verfolgen. Im weiteren Verlauf analysiert er Menschen, von denen jeder sein Geschlecht hat. Diese Überlegungen führten zur Theologie des Leibes.

Und es entstand ein drittes Werk, dessen Text als Manuskript in Krakau fertig war. Dieses konnte in Polen nicht mehr veröffentlicht werden, weil Karol Wojtyła nach Rom berufen wurde. In den Jahren

1979 – 1984 las er bei seinen Mittwochs-Audienzen Fragmente daraus. Vor. Als Gesamtwerk erschien es 1987 unter dem Titel *Mężczyzną i niewiastą stworzył ich* (auf Deutsch: *Als Mann und Frau schuf er sie*).

Weiter kann man seine Gedanken und Aussagen aus seiner Zeit als Priester in dem Buch *Dar i tajemnica* (auf Deutsch: *Geschenk und Mysterium*) verfolgen. Das beinhaltet eine wunderbare Analyse der Berufung zum Priester. Im weiteren Verlauf schreibt er über sich als Bischof, der sich um alle kümmert und alle mitreißen möchte. So entsteht das Buch *Auf, lasst uns gehen*! Darin geht es darum, dass man Heilige nachahmen kann und soll.

Johannes Paul II. war ein Mensch, der alle Menschen ohne Ausnahme liebte, ganz ohne Ausnahme, und alle Menschen retten wollte.

Ich habe ihn einmal gefragt, ob ihn Menschenmengen nicht ermüden würden. Er gab mir zur Antwort: „Menge? Ich denke niemals an eine ‚Menge', sondern an eine Ansammlung von Personen."

Jede einzelne Person behandelte er ganz individuell. Dazu hatte er eine spezielle Gabe, nämlich ein so gutes Gedächtnis wie kaum ein anderer. Ich erinnere mich an ein Ereignis, als Johannes Paul II. während einer Audienz durch die Menge ging. Menschen standen hinter einer Abzäunung. Ich war auch dort, neben mir stand eine junge Frau. Der Heilige Vater kam und schüttelte abwechselnd rechts und links Hände. Plötzlich blieb er neben ihr stehen und fragte: „Zośka, was machst du denn hier?“ Sie begann zu weinen, sagte nichts. Er streichelte ihre Hand und ging weiter.

Und das war eine junge Frau, die er nur einmal getroffen hatte. Es war in Gniezno, wohin Johannes Paul II. zu einer Feier des hl. Adalbert (Wojciech) fuhr. Sie hatte damals in der Küche des Erzbischofs ausgeholfen. Der Papst hatte die Angewohnheit, wenn er irgendwo gegessen hatte, in die Küche zu gehen, um sich zu bedanken. Und bei eben dieser Zosia hat er sich für das Mittagessen bedankt. 15 Jahre später spricht er sie am Petersplatz an: „Zośka, was machst du denn hier?“ Sie konnte ihre Freudentränen darüber nicht zurückhalten, dass er sich an sie erinnerte. Er erinnerte sich an alles! Bis zum Schluss, phänomenal!

So individuell behandelte er Menschen. Jedes Kind, jeder Mensch ist anders, jeder Mensch trägt Gut und Böse in sich. Man muss in ihm nur das Gute suchen und es entfalten.

Jeder Mensch, dem wir begegnen, hält irgendeine Aufgabe für uns bereit. Es gibt keine zufälligen Begegnungen.

Eltern fragen …

Frau Doktor, Sie haben über Gefühle gesagt, dass wir sie als wertlose Spreu ansehen sollen. Der Priester Marek Dziewiecki vergleicht Gefühle mit dem Rundfunk. Er vermittelt wichtige Informationen über mich selbst. Selbstverständlich muss ich nicht blind auf sie hören, aber es wäre gut, sich zu überlegen, was die Gefühle bedeuten. Soll man sich wirklich so sehr von ihnen distanzieren?

Dr. Wanda Półtawska: Selbstverständlich nicht. Aber man soll sie steuern können. Ich sage nicht, dass Gefühle bedeutungslos sind, sondern dass wir über sie herrschen sollen. Johannes Paul II. meint, Gefühle sind mit Gerechtigkeit und Verstand zu steuern. Sie haben eine große subjektive Bedeutung, weil die Menschen ihnen großen Wert beimessen, jedoch keinen objektiven. Sie sollen ein Reiz sein, den der Mensch unter Kontrolle hat. Wenn deine Gefühle schlecht sind, sollst du sie loswerden, weil du ein Mensch bist und deine Gefühle im Griff haben musst.

Gefühle sagen etwas über dich. Sie sind eine Quelle des Wissens über den Menschen. Diese Kräfte dürfen uns jedoch nicht steuern. Wenn ein Student, wütend auf seinen Professor, zu ihm zur Prüfung geht, ist er deswegen berechtigt, ihn zu töten? Nein, er soll schön lächeln und die Prüfung ablegen, indem er seine Gefühle gegen den Professor, der ihn vielleicht nicht mag, zügelt. Es ist nicht wahr, dass Johannes Paul II. Gefühle negiert. Er empfiehlt lediglich dem Menschen, Herr über seine Gefühle zu sein.

Wie kann man Kinder vor dem negativen Einfluss der Umwelt schützen? Die Wahl der richtigen Schule hilft nicht immer. Außerdem sind die Schulen heutzutage so, wie sie sind. Was sollen wir dem Kind vermitteln? Wie bereiten wir es auf eine Situation vor, wo die Mitschüler in seiner Klasse z.B. Bier trinken wollen und es sich ihnen entgegenstellen soll?

Dr. Wanda Półtawska: Vor der Umwelt kann man das Kind nicht schützen. Gegenwärtig sind eure Kinder nicht nur der Umwelt, sondern auch der Technik ausgesetzt: dem Internet, Fernsehen und Computer. Du kannst es davor nicht schützen, sondern nur die richtige Interpretation geben. Vor diesen Bedrohungen kannst du das Kind nicht schützen, außer ihm lediglich das Programm, das es sich anschaut, interpretieren. Ob es ihm wirklich gefällt, was es gesehen hat? Ob es glaubt, es war gut? Zuerst das Kind beurteilen lassen und danach selbst begründen, warum ein Programm schädlich ist: Es zerstöre das und das. Schützen kann man es nicht. Wichtig ist eine Zusammenarbeit der Eltern mit der Schule, der Lehrer mit den Eltern. Es ist unrealistisch, dass sich alle so benehmen, wie es sich gehört.

Deswegen muss man dafür Sorge tragen, dass das Kind eine persönliche Verbindung zu Gott hat – es kann eine Gewissenserforschung machen, zur Beichte gehen, einen Beichtvater aufsuchen und Selbstkontrolle darüber haben, was es macht. Das Kind ist ein Mensch, hat sein Gewissen, das es entwickeln muss. Wir unterstützen es dabei mit Worten: „Dein Gewissen wird dir sagen, was gut und was schlecht ist." Freundlich kann man noch hinzufügen: „Pass auf, mein Schatz, auf der Straße ist es dreckig. Kannst du so über den Dreck gehen, dass deine Schuhe nicht schmutzig werden? Benütze deinen Verstand. Wenn du dir schlechte Bilder anschaust, bleiben sie in deinen Augen, und was hast du davon?" Es geht um Interpretation und logisches Denken. Kinder haben eine logische Denkweise. Wir müssen nur Zeit finden, mit ihnen offene Fragen zu besprechen.

Das Problem liegt jedoch darin, dass die Eltern nicht mit ihnen darüber sprechen, und nicht darin, dass sie ihren Kindern Hinweise geben und sie auf die Eltern nicht hören würden. Die Eltern geben nämlich weder Muster noch Ratschläge. Der Vater ist überhaupt nicht da, weil er erst in der Nacht nach Hause kommt, wenn das Kind schon schläft. Es ist gut, wenn man nach dem gemeinsamen Fernsehen Inhalte bespricht und das Kind dafür sensibilisiert, dass man nicht alles nachahmen muss, sondern nur das, was man selbst auswählt.

Ein Junge, der Gefahr lief, beim Abitur durchzufallen, hat mir einmal ruhig gesagt: „Żeromski schaffte das Abitur auch nicht." Ich entgegnete: „Na gut, ahme den Schriftsteller nicht darin nach, dass er durchfiel, sondern dass er gute Bücher schrieb!" Was wirst du von Żeromski übernehmen?

Die Eltern können ihre Kinder vor Bedrohungen nicht ganz beschützen. Deswegen sind jene im Vorteil, die auch ältere Geschwister haben. Oft kommt es vor, dass die Eltern das Kind nicht überzeugen können, aber jemand aus der eigenen Generation, z.B. ein zwei Jahre älterer Bruder, schafft das. Die Kinder sprechen eine eigene Sprache und die älteren Geschwister können eine große Stütze für die Eltern sein: „Sprich mit deiner Schwester, deinem Bruder, denn ihr habt eure eigene Sprache!"

Der Mensch ist so, wie er ist, und sündigt. Alle nacheinander, Generation nach Generation machen das, wir alle sündigen. Aber ich rate, nicht über die Folgen zu lamentieren, sondern aufzupassen, was man sät. Es geht darum, dass man guten Samen sät. Er wird aufgehen oder auch nicht, jemand anderer wird ernten. Du musst aber dem Kind den Weg zeigen. Wenn es gelogen hat, dann war das eine Lüge und das Kind soll die Tatsache zugeben: „Ich habe gelogen und gehe beichten. Ich werde es eingestehen." Und nicht eine Lüge mit einer weiteren Lüge verdecken. Verhaltensmuster hängen von der Atmosphäre zu Hause ab. Wenn man ehrlich ist, entschuldigt man sich für eine Lüge oder dafür, dass man aggressiv war. Man verwendet Worte wie: „Entschuldigung", „Danke", „Bitte".

Zu Hause sollen Probleme von der ethischen Seite bewertet werden: Was ist gut, was ist schlecht? – Und nicht nur von der materiellen Seite: Was lohnt sich und was nicht? Völlig kann man das Kind nicht schützen, zumal das Kind – was unausweichlich ist – sich einer Gruppe anschließen wird. Aber der Mensch zieht seine eigenen Schlüsse. Manche Mädchen verlieren ihre Jungfräulichkeit gleich nach dem Einzug in ein Studentenheim. Und doch nicht alle. Es gibt Menschen, die aus Hunger stehlen. Und doch nicht alle. Versuche also, dem Kind so viele Werte zu vermitteln, wie du kannst.

Wie kann man sich vor dem schlechten Einfluss einer Gruppe schützen?

Eure Aufgabe ist es, ein richtiges Milieu für euer Kind zu schaffen. Man könnte anstatt eines zweiwöchigen einen vierwöchigen Sommeraufenthalt an einem Ort für eine Kindergruppe organisieren. Sie werden sich kennenlernen, sie werden einander nicht schaden. Man soll sie nicht mit wer weiß wem in ein Ferienlager fahren lassen. Schickt eure Kinder mit jemandem fort, der Verantwortung übernimmt, beispielsweise mit Lehrern von der Schule! Macht das, solange es geht! Bis zu einem gewissen Zeitpunkt geht das, später nicht mehr. Danach hat das Kind aber schon seine eigenen Beurteilungskriterien. Die hatte ich schon seit dem Kindergartenalter und von der Schule, von meinem Religionslehrer und Beichtvater. Später kam ich mit verschiedenen Gruppen in Berührung. In meiner Generation sprachen Menschen über Werte. Ereignisse wurden in der Schule nach der ethischen Seite beurteilt und nicht nach der materiellen Seite. Wichtig war, was gut und was böse und was nachahmenswert ist.

Die Eltern allein schaffen das nicht. Bei der Erziehung sollen die Schule und die ganze Familie helfen. Wenn ein Junge auf seinen Vater nicht hört, hat er vielleicht einen Onkel, dem er folgen wird. Denn für das Gespräch ist ein Mann nötig. Es kann aber passieren, dass mit dem Onkel nicht gesprochen wird, weil die Familien zerstritten sind. Ich kenne eine junge Frau, deren Onkel ihren Vater ersetzt. Ihre Eltern leben getrennt und der Bruder der Mutter erfüllt die Rolle des Vaters.

Gewisse Dinge kann man dem Kind, das sich im Stich gelassen fühlt, ersetzen. Wichtig ist jedoch, dass das Kind einen Erwachsenen hat, der dem Kind Werte beibringt.

Das Schlimmste ist, dass Erwachsene keine Zeit für die Jugend haben. Man kann nicht sagen, dass der Vater in der Erziehung seines Kindes eine Niederlage erlitten hat, wenn er nicht einmal versucht hat, sein Kind zu erziehen. Die Erziehung des Kindes überlässt man der Mutter, was dumm ist, denn keine Frau kann allein ein Kind erziehen. Sie soll zu Hause ein förderliches Klima von Geborgenheit und

Liebe etablieren. Aber führen soll der Mann. Wenn der Vater sich nicht einschaltet, hat er unerzogene Kinder. Heutzutage gibt es so viele Probleme mit der Erziehung, weil es weder zu Hause noch in der Schule Männer gibt. Dass die Lehrerschaft fast ausschließlich aus Frauen besteht, ist eine Niederlage des polnischen Schulwesens. Lehrerinnen sind oft frustriert, dass sie diesen Beruf ausüben müssen, besonders, wenn sie eigene Kinder haben. Sie können nämlich den Schülern keine Zeit widmen. Der Vater hingegen meint, die Schule werde das Problem erledigen; die Schule erledigt es aber nicht.

Man soll Familienkreise bilden, Kreise von befreundeten Familien, wo sich die Kinder kennenlernen. Aus solchen Kreisen stammen manchmal junge Ehepaare, die einander bei einem Ausflug, einer Wallfahrt nach Tschenstochau oder im Theologiestudium begegneten und später heirateten – Gott sei Dank in der richtigen Umgebung. Den Mann soll man eben nicht in der Kneipe, sondern in der Kirche suchen.

Auch Engagement ist wichtig. Die einzige Gruppe von Laien, die etwas zu lernen versuchte, habe ich vor Jahren in Łódź getroffen. Nach meinem Vortrag in der Kirche näherten sich dem Altar Menschen – wie zuvor noch nicht geschehen – und sagten: „Frau Doktor, könnten Sie uns bitte Lehrmaterial geben?" Sie wollten etwas lernen. Wir gingen in die Sakristei und kamen ins Gespräch. Später setzten sich einige von ihnen für den Ausbau der Seelsorge ein.

Es geht um den Einsatz in der Gesellschaft, d.h. was machst du für die anderen? – Nicht nur für dich selbst! Manchmal lebt ein gutes Ehepaar für sich selbst, ohne zu sündigen, aber es tauscht sich mit niemandem aus und ist in seinem sittlich neutralen Egoismus verschlossen. Sich mit der eigenen Familie zu beschäftigen, ist keine Sünde, aber es ist eine Unterlassungssünde, sich für andere nicht zu engagieren. Wir sagen doch: Ich habe gesündigt in Gedanken, Worten und Werken und dadurch, dass ich Gutes unterlassen habe. Du hast Gutes unterlassen, obwohl du es hättest tun können. Nur einige wenige beichten das.

Meine nächste Frage betrifft das Eheleben. Habe ich das richtig verstanden, dass der eheliche Akt nur im Hinblick auf die Entstehung neuen Lebens geschehen darf? Ich meine, wenn die Frau sich in der Menopause befindet, also nicht mehr fruchtbar ist, ist der eheliche Akt zu empfehlen oder nicht?

Dr. Wanda Półtawska: Das hängt von Ihnen ab. Das körperliche Eheleben ist einer der Faktoren der ehelichen Vereinigung, nicht der einzige und nicht ein außergewöhnlicher. Wenn Sie das wollen, bitte sehr.

Im Allgemeinen habe ich in meiner über 60-jährigen Arbeit in der Eheberatung beobachtet, dass eine Frau, die einige Kinder zur Welt gebracht hat und gleichzeitig auf natürliche Weise altert, nicht am

Geschlechtsverkehr interessiert ist. In ihrem Unterbewusstsein steckt eben das Gefühl, dass sie dem Kind dienen soll. Das Thema ist für sie abgeschlossen, weil die Kinder schon erwachsen sind und sie über 40 Jahre alt ist. Manchmal kommen ihr Zweifel, ob er und sie noch das Recht dazu haben oder nicht. Natürlich haben sie das Recht, weil dies ein Zeichen ihrer Vereinigung ist. Es ist aber nicht immer ein Zeichen der Liebe. Nur eine körperliche Vereinigung ist nicht ausreichend, die Liebe muss tiefer gehen.

Der springende Punkt aber ist. Wenn Eheleute aus triftigen Gründen nicht Eltern werden wollen, sollen sie in der fruchtbaren Zeit den ehelichen Akt vermeiden. Sonst müssten sie zur Empfängnisverhütung greifen. In dem Fall ist die Enthaltsamkeit in der Zeit möglicher Fruchtbarkeit ratsamer, als mit Verhütungsmitteln zu sündigen.

Persönlich lehre ich seit langem die Anwendung der symptothermalen Methode, weil ich in der über 60-jährigen Arbeit in der Eheberatung ihre Wirksamkeit getestet habe. Niemals hat sich eine Schwangerschaft in der Phase der erhöhten Temperatur ergeben. Die Erhöhung der Temperatur wird durch den Gelbkörper verursacht. Wenn der Gelbkörper da ist, kann die Eizelle nicht heranreifen.

Bei der Methode muss man abwarten, dass die Temperatur steigt und mindestens drei Tage erhöht bleibt. Insgesamt beträgt die fruchtbare Phase ca. eine Woche bis zehn Tage. Die Zeit vor dem Eisprung ist nämlich aus dem Grund auch unsicher, weil der Eisprung auch früher geschehen kann. Deswegen muss das Paar auf den Geschlechtsverkehr für eine mittels Thermometer und Zervixschleim bestimmte Zeit verzichten. Erst danach darf es zum ehelichen Akt kommen. Denn sie haben kein Recht dazu, das Kind der Gefahr der Abtreibung auszusetzen.

Die Schwierigkeit liegt darin, ob sie in dem Punkt einig sind. Es kann sein, dass sie triftige Gründe haben und sich momentan keine Kinder wünschen. Sie sind schon Eltern einer kleinen Schar Kinder und haben sozusagen ihre Pflicht zur Elternschaft erfüllt. Vielleicht gibt es andere Hindernisse wie Platzmangel (dieses intime Erlebnis darf doch nicht irgendwo oder in Anwesenheit der Kinder stattfinden). Dann müssen sie die fruchtbare Phase abwarten. Jedes Paar hat seinen eigenen Rhythmus. Manche wenden die von Billings beschriebene Methode an (das Ehepaar ist schon gestorben). Übrigens, nicht dieses hat sie entdeckt, sondern R. Palmer in den 1920er-Jahren. In der Zeit des Eisprungs, d.h. wenn eine Eizelle befruchtet werden kann, steigt die Feuchtigkeit im Körper der Frau, weil sie den Weg für die Samenzelle vorbereitet. Sie muss einfach die Möglichkeit haben zu schwimmen. Der Schleim, also die Feuchtigkeit, kann von der Frau beobachtet werden.

Die symptothermale Methode ist die einfachste Methode – ein Thermometer ist ja in jedem Haus. Kein Kind wird sich je wundern, dass seine Mutter ihre Temperatur misst. Manche machen die Sache kompliziert und behaupten, man solle die Temperatur in der Scheide messen. Wer genauer sein will, kann das in der Schleimhaut tun. In Amerika wird sie unter der Zunge gemessen.

Die körperliche Vereinigung der Eheleute soll ein großer Lobgesang zur Verehrung des Schöpfers sein. Es kommt zur Vereinigung der Körper, der Gefühle und der menschlichen Seelen. Sie singen Gott eine Hymne. Die Menschen verstehen das aber nicht. Sie überlegen sich nicht einmal die Bedeutung dieser Tatsache.

Einst habe ich die Gedanken der Frauen beim intimen Beisammensein mit ihren Ehemännern gesammelt. Es hat sich gezeigt, dass sie sich überlegen, was sie heute kochen werden oder welche Note das Kind heute in der Schule bekommen wird. Sie verstehen überhaupt nicht, was gerade geschieht. Beide Elternteile. Er spürt eine physische Befriedigung und sie denkt: „Wenn es sein muss." Manche Frauen geben sogar zu: „Ich hatte heute Ruhe, weil mein Mann unterwegs war und das von mir nicht verlangen konnte."

Es ist interessant, dass manchmal Frauen die Lust am Geschlechtsverkehr verlieren, weil ihnen tief im Inneren ein Gefühl sagt, er diene dem Kind. Da es schon keine Kinder mehr geben wird, wozu das alles? Es ist doch für die Frau viel angenehmer, von ihrem Mann umarmt zu werden, miteinander zu kuscheln und einfach zusammenzusein. Sie genießen das, ohne unbedingt einen Orgasmus erleben zu müssen. Sie genießen Geborgenheit und Nähe. In dem Fall dient der Körper der Liebe, die geschlechtliche Vereinigung ist nicht notwendig.

Der eheliche Akt ist ein Zeichen der Elternschaft. Er ist für das Kind da und nicht unbedingt für die Eltern, denn der Mensch ist nicht Körper. Der Mensch hat einen Körper, ist jedoch kein Körper!

Und wichtiger, besonders für die Frau, sind psychische und seelische Erlebnisse, nicht körperliche. Frauen werden manchmal entmutigt, weil der Mann nach der Vereinigung strebt, und zwar nach einer körperlichen, aber sie möchte nur, dass er einfach in ihrer Nähe ist, sich für sie interessiert, dafür, was sie fühlt, vielleicht einige liebevolle Worte sagt … Und was macht er? Er schläft ein.

Das, was sich zwischen euch abspielt, muss abgestimmt werden. Es kann nicht lediglich eine körperliche Entladung für ihn sein, es muss, wie in der Enzyklika *Humanae vitae* steht, „seine (des Menschen) Freude sein, dass er durch seine Ganzhingabe bereichern darf".

Eine Gabe – und der Mensch will nur genießen.

Man soll die Bedeutung des ehelichen Aktes bedenken. Paul VI. schreibt, dass dieser Akt heilig sein muss und die Ewigkeit verdiene, denn durch solches Handeln würden die Eheleute erlöst.

Den ehelichen Akt hat Gott geschaffen, niemand anderer, nicht der Teufel. Manchmal denkt man,

Gott schuf den Menschen und der Satan gab etwas dazu und jetzt regiert er darüber. Nein! Gott schuf den ganzen Menschen – auch die Geschlechtsorgane. Damit aber der Akt heilig ist, müssen die Bedingungen der Heiligkeit erfüllt werden.

Allem voran muss der Akt Rechtskraft erlangen, d.h. er darf nur in der Ehe vollzogen werden. Er muss aus freiem Willen geschehen – kann nicht erzwungen sein, kann nicht erpresst oder gekauft werden, es muss eine freie Entscheidung der beiden sein.

Frei, und doch kommt es vor, dass sich die Ehefrau verkauft, indem sie sagt: „Ich gebe dir, wenn du mir etwas gibst", sonst weist sie ihn ab. Manchmal muss der Ehemann ihr etwas kaufen, damit sie ihn in ihr Sanktuarium gnädig hineinlässt.

Der Akt soll nicht gekauft oder verkauft werden, er muss einmalig und intim sein, also vor Menschen verborgen, vor Gott jedoch immer aufgedeckt bleiben.

Er muss auch bereit für Fruchtbarkeit sein, er soll weder künstlich unfruchtbar noch künstlich fruchtbar gemacht werden. Das sind die Bedingungen der Heiligkeit des Aktes. Wenn sie nicht eintreten, ist der Akt sündhaft, obwohl die Ehepartner daran teilnehmen. Es ist nicht wahr, dass in der Ehe alles erlaubt ist. In der Ehe darf man nur das tun, was heilig ist und der Heiligkeit dient.

Man darf die Frau nicht wie einen Gegenstand oder ein Tier benutzen. Der eheliche Akt soll sich auf menschliche Weise vollziehen und nicht mit der ganzen Pathologie der Pornographie, die sich Männer im Internet und Sexshops anschauen und dann nachzuahmen versuchen. Heutzutage werden die Männer mittels Pathologie geschult, mittels seltsamer Nachahmung tierischen Verhaltens. Der normale Mensch will dem anderen direkt in die Augen schauen, von Angesicht zu Angesicht – das ist menschliches Verhalten, nichts anderes.

Der Mensch soll in jeden Tätigkeitsbereich ein seelisches Element einbauen, auch bei einer körperlichen Vereinigung, denn sie soll gleichzeitig eine seelische Vereinigung sein. Ich gebe dir alles, was ich kann – d.h. mit der Intention, den anderen zu beschenken. Und das ist die Höchstgrenze. Mehr als sich selbst kann man nicht geben. Für die gegenseitige Gabe können sie ihre Dankbarkeit nur durch die Entladung ihrer physiologischen Anspannung zeigen. Der französische Neurophysiologe Prof. Chauchard formulierte es folgendermaßen: „So ein Akt ist wie der Gebrauch eines Taschentuchs, wenn man erkältet ist." Das Erleben des Aktes hängt von dir ab. Karol Wojtyła sagte: „Von dir hängt der Charakter deiner Liebe ab." Was heißt das? Für Jugendliche erkläre ich das anhand der Wanderwege bei Zakopane. Der eine (schwarz markiert) führt unter den Reglen (original: „pod reglami") der zweite, den man gehen kann, befindet sich über den Reglen (original: „nad reglami"), ungefähr in der Mitte der Berge, und der dritte (rot markiert) führt ganz oben entlang zum Gipfel des Tatra-Gebirges.

Man kann den untersten Wanderweg nehmen, aber dann sieht man nur die Baumstämme der Fichten. Mehr sieht man von dem höheren Wanderweg. Vom Bergpass Orla Perć sieht man entweder den Wawel in Krakau oder im Süden die ganze slowakische Tatra. Ein riesiger Horizont. Vom Krywań beispielsweise zählte ich einmal zwölf verschiedene Ebenen.

So ist es auch mit der Liebe. Du kannst etwas erleben, etwas mehr und noch mehr – es hängt von dir ab. Du kannst deine Frau, ihren Körper, kennenlernen und das war´s dann. Du kannst aber auch etwas mehr über sie erfahren oder dich mit ihr sogar körperlich und seelisch vereinen. Von euch hängt es ab, ob ihr eure Ehe als Karikatur oder als ein wunderschönes Lied erlebt. Der Mensch baut sich selbst, sein Leben, seine Liebe und seine Familie. Aber wenn er etwas zerstört, schiebt er sofort Gott die Schuld zu. „Pech gehabt, es ist mir nicht gelungen." „Warum hast du dann geheiratet?" „Weil ich dumm war." Dann frage ich: „Warum hast du nicht gewartet, bis du klüger warst?"

Manchmal höre ich auch: „Ich war dumm, also heiratete ich diese Frau, es war aber ein Irrtum."

Das Sakrament ist kein Irrtum, und wenn doch, dann ist es von Gott bestätigt und du bist eben dadurch eingeschränkt, du darfst nichts ändern. Das Einzige, was du ändern kannst, bist du selbst. Du musst dich selbst und deine Liebe entfalten.

Ich möchte nochmals auf die Diskriminierung der Kinder durch Gleichaltrige und eine damit verbundene Gefahr zurückkommen. Ich spreche jetzt aus eigener Erfahrung. Als ich noch in der Abiturklasse war, besprachen wir das Thema Abtreibung. Da ich dagegen war, richtete sich die ganze Klasse gegen mich, und ich fühlte mich ausgeschlossen. Deswegen möchte ich Sie, Frau Doktor, um einen Rat für solche Kinder bitten, die mit zwei verschiedenen Welten, der von zu Hause und der von der Schule, konfrontiert sind.

Dr. Wanda Półtawska: Man soll das Kind loben, dass es sich widersetzen konnte.

Aber wie schützen wir die Kinder vor so einem Zwiespalt, dass sie in der Schule etwas Schockierendes erleben, dann nach Hause zurückkommen, wo das alles wiederum in bester Ordnung ist?

Dr. Wanda Półtawska: Schützen kann man sie nicht, denn das ist nicht von uns abhängig. Darum ist die jetzige Generation sehr arm, weil ständig zerrissen. Ich war in der privilegierten Situation, dass alle, ob zu Hause, in der Schule oder im Staat, einer Meinung waren. Man muss Kindern Mut machen, ihre Ansichten auszudrücken. Das heißt Zivilcourage – ich kann zugeben, wenn ich mich geirrt habe, und kann um meine Wahrheit kämpfen. Auch wenn du anders bist, bleib du selbst!

Ich bin Mitglied des Päpstlichen Rates für die Familien. 1995 organisierte Johannes Paul II. eine Synode über Familienangelegenheiten, wo ich als Expertin fungierte. Einen Monat lang nahm ich an Diskussionen in einem französischsprechenden Kreis teil. Die Bischöfe stammten aus Belgien und ehemaligen afrikanischen Kolonien. Eine der Diskussionen betraf die Frage, ob Geschiedenen die heilige Kommunion gespendet werden darf. Alle Bischöfe aus dieser Gruppe waren der Meinung, dass man einen Kompromiss eingehen und ihnen etwas geben soll. Die Kirche solle „die armen Menschen aufwerten, weil sie arm sind".

Ich als Einzige entgegnete, dass man das nicht tun dürfe, weil es ein Sakrileg sei.

Darauf antwortete ein wichtiger Kardinal:

„Aber wir müssen uns darauf langsam vorbereiten." „Entschuldigung, Eure Eminenz, heißt das, wenn ich am Samstag zehn Personen töten darf und am Montag nur neun töte, wäre das in Ordnung?"

„Ah, Madame, vous vous êtes si sévère" [Sie sind zu streng].

In Rom habe ich den Ruf, dass ich sehr streng bin: „dottoressa severa".

„Nicht ich, das sind die Zehn Gebote", erwiderte ich.

Ich kam zurück zu Johannes Paul II. und erzählte ihm alles. Er antwortete:

„Macht nichts, Gott sei Dank zumindest eine Stimme."

Eine einzige Gegenstimme.

Bei der Formulierung der Dokumente machten sie jedoch einen Rückzieher und ließen das aus dem Text heraus, weil der Papst den Text genehmigen musste. Nichtsdestotrotz war ich, eine alte Frau aus Polen, die Einzige, die in der Diskussion dieser Menschen Widerstand leistete. Es war für mich irrelevant, was die Hierarchen denken, denn die Hauptsache ist, was Gott uns lehrt.

Du musst dir gewiss sein, dass es Gott gibt und dass er hohe Anforderungen stellt. Und das den Kindern beibringen. So sind die Zehn Gebote, und wenn es dazu kommen sollte, musst du Märtyrer sein. Menschen opferten ihr Leben für den Glauben. Man muss betonen, dass du theoretisch dazu bestimmt bist, Märtyrer zu sein, und dazu bereit sein solltest, denn du wurdest als Abbild Gottes geschaffen.

Das Kind soll Biografien der Märtyrer lesen. Zu Hause zeige deinem Sohn Beispiele, erinnere an den hl. Maximilian Kolbe, der für den Vater einer vielköpfigen Familie in den Tod ging und ihn so rettete. Sei wie er! Zeige ihm Vorbilder, Muster und Ideale! Und wenn sich dadurch ein Geschrei erhebt? Na und?

Selbstverständlich ist es schwierig, man unterliegt dem Einfluss der Umgebung und fühlt sich ausgeschlossen. Deswegen muss man für das Kind eine passende Umgebung suchen.

Während des Studiums in Krakau ging ich einmal auf einen Ärzteball. Ich schwor mir damals, nie mehr auf einen Ärzteball zu gehen. Ich war entsetzt, wie sie sich verhielten, betrunken lagen sie unter den Tischen. Nicht nur Studenten, sondern auch die Herren Professoren. Ich war schockiert. Ich dachte, dass ich nach dem, was im Krieg passiert war, eine vernünftige Umgebung fände. Das war aber nicht der Fall. Und in der Tat, ich ging erst wieder zum 25. Jubiläum unseres Studienabschlusses dorthin. Da benahmen sie sich ordentlich.

Unsere Tochter konnte für sich keine passende Gruppe in der Schule finden. Also fanden wir eine solche, indem wir sie zu Reitstunden anmeldeten. In der Gesellschaft dort lernte sie Freunde kennen, mit denen sie zusammen ihre Sommerferien verbrachte.

Man muss suchen, auswählen und aufpassen. Wenn in einer Schule dem Kind Unrecht geschieht, muss man die Schule wechseln und das entschieden begründen: „Mein Kind, ich will nicht die Menschen beurteilen, aber die Ausrichtung der Schule ist nicht richtig und gut …“

Es wird immer ein Kampf sein, denn wir befinden uns in dieser Welt an einem Ort, an dem ein unvermeidbarer Kampf des Guten mit dem Bösen stattfindet, die ganze Zeit. Es gibt keinen anderen Weg, entweder stehen wir für den Satan oder für Gott. Man muss damit rechnen und in den Kampf ziehen. Die Tatsache, dass man mit dem Teufel nicht kämpft, stärkt ihn. So entstehen nämlich Kreise, die andere demoralisieren. Denn das sind teuflische Kreise, eindeutig teuflische.

Wie kann man auf das Kind, bis es reif ist, erfolgreich aufpassen? Man muss sich an seinen Schutzengel wenden … Ich glaube, dass man immer, egal wohin das Kind geht, seinen Schutzengel hinterherschicken und bitten soll, dass er auf es aufpasst. Warum auch sollte er das nicht tun? Letztendlich ist er dazu da. Unser Enkel fragte mich einmal: „Oma, haben Erwachsene auch einen Schutzengel oder nur Kinder?"

Ihr könnt Schutzengel hinter euren Kindern in riskante Gruppen schicken. Pater Pio bürdete seinem Schutzengel Aufgaben auf, und wenn er sie nicht erfüllt hatte, tadelte er ihn. Du hast das Recht, von deinem Schutzengel Hilfe zu verlangen. Gott hat ihn mit dieser Aufgabe betraut.

Meine nächste Frage betrifft das Arbeitsumfeld. Wenn jemand von meinen Arbeitskollegen die Kirche oder den Glauben offen kritisiert, stelle ich mich dem entgegen, weil mich das verletzt. Ich möchte aber an eine andere Situation anknüpfen. Jesus sagte: „Geht und verkündet das Evangelium!" Glauben Sie, Frau Doktor, dass man versuchen soll, Arbeitskollegen durch Worte zur Umkehr zu veranlassen?

Dr. Wanda Półtawska: „Geht und verkündet!" Natürlich soll man das Evangelium verkünden. Wichtig ist jedoch, dass man es nicht aufzwingt, sondern dass man so ein Gespräch geschickt lenkt und dabei etwas über sich selbst erzählt.

Wenn eine Diskussion entflammt, bei der Priester beschuldigt werden, sage ich immer ruhig: „Pass auf, du sollst eines über den Priester wissen. Dieser Mensch hat Macht über deine Seele, er öffnet für dich den Himmel. Der Priester kann der größte Sünder sein, den es gibt, wichtig ist jedoch sein sakramentaler Dienst. Du brauchst ihn, weil du ohne Priester nicht in den Himmel gehen kannst. Sag also nichts gegen die Priester!"

Nur anhand von Informationen aus der Presse hat eine Aktivistin der Katholischen Aktion auf einem Treffen eine ganze Reihe von Bedenken gegen unsere Priester wegen ihres unmoralischen Lebens aufgezählt. Darauf antwortete ich: „Gnädige Frau, der Priester wurde seiner Berufung untreu. Sagen Sie mir, wieviel Laien kennen Sie, die das Gleiche tun und niemand spricht darüber? Alle Geschiedenen sind doch Menschen, die gegen ihr Sakrament verstoßen und ihr Gelöbnis gebrochen haben. Und dürfen sie das?"

Ich kenne mehr Verräter unter Ärzten als unter Priestern – das ist eine menschliche Schwäche. Jeder Mensch kann Heiliger und jeder kann Sünder sein. Es hat keinen Sinn, auf eine besondere Gruppe zu zeigen. Einmal wollte jemand vom „Allgemeinen Wochenblatt", dass ich einen Artikel über Homosexualität in der Kirche schreibe. Ich antwortete: „Guter Mann, Homosexualität gibt es doch nicht in der Kirche, sondern in den Menschen. Einer der Menschen ist in der Kirche, der andere ist Arzt und der dritte ist Ingenieur. Das ist nicht das Thema *Kirche.*“ Ich lehnte natürlich ab.

Es ist zu erwähnen, dass gegenwärtig in Europa eine durch das Böse vorsätzlich gelenkte antiklerikale Politik propagiert wird und die Priester Zielscheibe der Angriffe sind. In Polen ist das künstlich, denn bei uns waren die Priester immer geschätzt, weil sie Macht über die Seelen haben. Sie halten Gott in ihren Händen und teilen ihn den Menschen aus. Wir haben so viele heilige Priester. Ich habe viele von ihnen gekannt – viele. Ich lebe so lange, dass die meisten schon gestorben sind.

Verteidige also ruhig deine Meinung und zeige, wie du lebst. Mache auch deinen Gesprächspartner auf Folgendes aufmerksam: „Was sagst du? Worum geht es dir? Wen beschuldigst du? Was ist Kirche? Du bist auch Kirche. Bist du getauft? Du bist also auch Kirche. In der Kirche gibt es Laien und Priester. Wir sind die Kirche, die Kirche ohne Menschen ist keine Kirche. Wen beschuldigst du also? Jesus sagte: ‘Richtet nicht‘!“

Unabhängig davon, warum geht euch das etwas an, was die Leute sagen? So oft urteilen Menschen mit ihrer menschlichen Meinung über das Verhalten eines Menschen. Es geht aber nur darum, was Gott über dich denkt, und nicht die Menschen.

Wie soll man Ihrer Meinung nach reagieren, wenn sich die Tochter im Teenageralter verliebt und in so einem Zustand überhaupt nicht fähig ist, logisch zu denken, und die Eltern gegen das Objekt ihrer Gefühle sind? Verbieten, ablenken, erklären? Man kann doch die Tochter nicht täglich 24 Stunden lang bewachen.

Dr. Wanda Półtawska: Man soll fragen, was „verliebt" heißt. Ob sie gleich heute heiraten will? Man muss ruhig fragen: „Schatz, willst du gleich morgen vor den Altar treten? Vielleicht soll man mit der Entscheidung noch ein bisschen abwarten?" Außerdem soll man jeden Tag im Auge behalten, was sie jetzt gemeinsam machen. Es geht um die Rettung der Heiligkeit der Jugendzeit. In den Sommerferien nahmen wir die Jungen, die sich mit unseren Töchtern befreundet hatten, zum Zeltlager mit und beobachteten sie. Dem einen war ich zugeneigt, dem anderen nicht. Über das Kind muss man wachen, aber gleichzeitig seine Gefühle auf Freundschaft umstellen.

Ihr müsst ihnen beibringen, dass sie nicht ineinander verliebt sein sollen, sondern sich anfreunden. Heutzutage verstehen die Menschen nicht, was Freundschaft bedeutet. Ein elfjähriges Mädchen kann fünf gute Freunde haben, die es liebt, und umgekehrt. Freundschaft ist Liebe, ihr alle macht aber junge Paare daraus. Das darf man nicht! Man soll sie lehren, zusammen zu handeln und sich auf gemeinsame Aktivitäten zu freuen. Ich erlebte das in meiner Pfadfindergruppe; ich hatte Freunde und behandelte sie wie Brüder. Zu Hause hatte ich keinen Bruder.

So lehrten Johannes Paul II. und Gott selbst: Kinder eines Vaters. „Lehre deinen eigenen Körper, des Bruders Körper zu sein."

Sag zu der Tochter: „Lerne, Schwester zu sein. Schatz, du wirst doch nicht gleich heute Ehefrau. Behandle also den Jungen wie deinen Bruder." Und ihr Eltern, ladet ihn nach Hause ein und beobachtet ihn! Er soll euch helfen, denn er soll nicht zum Mädchen, sondern zur Familie kommen. Ihr sollt den Jungen kennenlernen. Warum nicht?

In der ersten Klasse brachte unsere Tochter einen schönen Brief von einem Jungen mit, der schrieb: „Mariechen, deine Augen sind wie eine Rose und ich will dich heiraten." Sie brachte ihn nach Hause und ich sagte zu ihm: „Vielleicht doch noch nicht gleich?" Sie antworteten: „Nein, nein, wir werden noch warten." „Das ist gut, wenn ihr wartet."

Kinder sind so, sie sagen: „Ich werde dich heiraten" – ein Teenager sagt das und ein Kind im Kindergartenalter auch. Man muss das aber aus der richtigen Perspektive betrachten. Moment mal, es wird doch nicht gleich heute passieren. Und heute, was passiert heute? Heute sei Bruder, sei Schwester!

Stattdessen hören sie, dass sie einander missbrauchen dürfen. Das bedeutet einen schrecklichen Sittenverfall bei der Jugend, der immer größer wird. Es ist eine Tatsache, Kinder spielen mit ihren Geschlechtsorganen und zwölfjährige Mädchen werden schwanger!

Jetzt gibt es aber einen solchen Gruppenzwang, dass gerade in diesem Alter keine richtigen Freundschaften entstehen.

Dr. Wanda Półtawska: Aber man muss die Kinder lehren, was Freundschaft ist. Sie müssen lernen, dass sie existiert und was das überhaupt ist. Mir brachte das die Pfadfinderbewegung bei – eben die Brüderlichkeit. Man muss stets die Jugend lehren, sich in einer Gruppe zu engagieren. Melde deine Tochter zu einer Pfadfindergruppe an!

Die gibt es aber nicht.

Dr. Wanda Półtawska: Dann gründet eine, das ist doch kein Problem, oder? Wenn es sie nicht gibt, dann schafft eine! Das ist es! Alle sagen: „Das gibt es nicht." Warum unternehmt ihr dann nichts dagegen? Früher haben das Eltern auch gemacht. Es ist doch das Werk des Menschen. Wenn sich alle von jeglichen gesellschaftlichen Aktivitäten zurückziehen, dann gibt es eben gar nichts. Nehmt doch endlich das Leben in eure Hand! Helft der Jugend, sich zu organisieren!

Ich kenne eine Gruppe von Familien aus der Vereinigung der katholischen Familien, die sich in drei Untergruppen aufteilte. Die eine liest die Bibel, die zweite sammelt auf freiwilliger Basis Mittel für arme Kinder und die dritte organisiert Wochenenden für die Jugend.

Die Erwachsenen sollen der Jugend helfen, sich zu organisieren, damit sie Brüderlichkeit lernt. Sie soll lernen, Schwester und Bruder zu sein. Ich muss sagen, dass sie aufmerksamer zuhören als ihre Eltern.

Wie kann man seinen Sohn beim Entwickeln einer männlichen Haltung unterstützen?

Dr. Wanda Półtawska: Für ihn männliche Aktivitäten aussuchen, z.B. ihn zum Bergsteiger-Kurs anmelden, ihn sich dort engagieren lassen, wo Mut und Anstrengung gefragt sind, Lasten tragen, eine Grube ausheben. Lehrt ihn, den Mädchen ihre Rucksäcke zu tragen!

Meine Schulkollegen trugen meinen Rucksack, sie trugen sogar mich selbst über den Fluss. Und heutzutage gibt es nur Weichlinge. Wer kann heute schon Mädchen tragen? Keiner kann das.

Es geht um den Stil. Das Wichtigste ist aber, die Jugend beim Organisieren zu unterstützen, weil so die Jugend für sich selbst Verantwortung übernimmt. Sie will verantwortlich sein, aber man muss ihr eine Chance geben und ihr dabei helfen, weil sie das noch nicht kann, nicht reif genug ist.

Wenn wir die jungen Menschen sich selbst überlassen, landen sie auf der Straße. Niemand beschäftigt sich mit ihnen, weder die Familie noch die Schule, sie treiben sich herum und trinken ein Bier nach dem anderen. Und das war's. In Krakau auf dem Marktplatz sitzen an den Tischen lauter junge Leute und trinken von morgens bis abends und von abends bis morgens Bier. Ohne Eltern, ideenlos, sinnlos, programmlos, leer.

Die Zeit verrinnt, die Jugend hat nichts von ihren Jugendjahren und es sollen doch schöne Jugendjahre sein. Die Erwachsenen müssen ihr dabei helfen. Nehmt eine Schar fremder Kinder mit in die Sommerferien! Ein Ehepaar soll ein Zeltlager für 20 Kinder organisieren und irgendetwas mit ihnen unternehmen. Und einen Priester mitnehmen, der die Heilige Messe halten wird. Warum nicht? Die günstigsten Sommerferien – zu Fuß gehen, Brot essen und Wasser trinken. Sie müssen nicht wie in Westeuropa ein Zimmer für 140 Euro pro Nacht reserviert haben.

Ich ermutige Sie alle zum Handeln.

Johannes Paul II. sagte: „Den Worten müssen Taten folgen."

Quellennachweis

- Die Bibel, Altes und Neues Testament, Einheitsübersetzung, Herder, Freiburg-Basel-Wien, Katholische Bibelanstalt, Stuttgart 1980.
- Beitrag von Karol Kardinal Wojtyła, Person: Subjekt und Gemeinschaft, in: Der Streit um den Menschen. Personaler Anspruch des Sittlichen, Verlag Butzon & Bercker, Kevelaer 1979.
- Karol Wojtyła, Der Laden des Goldschmieds. Meditationen über das Sakrament der Ehe, die sich vorübergehend zum Drama wandeln, Herder, Freiburg-Basel-Wien 1979.
- Karol Wojtyła, Liebe und Verantwortung, Verlag St. Josef, Kleinhain 2007.
- Karol Wojtyła, Person und Tat, Herder, Freiburg-Basel-Wien 1981.
- Die Zitate von Enzykliken, Briefen und Apostolischen Schreiben wurden in deutscher Übersetzung der Internetseite: www.vatican.va entnommen.

WANDA PÓŁTAWSKA – Doktorin der Medizin, Fachärztin für Psychiatrie, Professorin an der Päpstlichen Theologischen Universität, Pro-Life-Aktivistin und Befürworterin der Unauflöslichkeit der Ehe. Sie war mit Papst Johannes Paul II. befreundet.

Dr. Wanda Półtawska schreibt Bücher über die Familie, u.a. „Przed nami miłość“ (Vor uns Liebe), „By rodzina była Bogiem silna“ (Damit die Familie durch Gott stark wird), „In vitro – zagrożona godność“ (In vitro – eine gefährdete Würde) und „Eros et iuventus!“.

Außerdem hat sie zwei autobiografische Bücher, die Bestseller geworden sind, verfasst: „Beskidzkie rekolekcje – Dzieje przyjaźni księdza Karola Wojtyły z rodziną Półtawskich“ (Beskider Exerzitien – Über die Freundschaft des Priesters Karol Wojtyła mit der Familie Półtawski) sowie „Und ich fürchte meine Träume“ – erschütternde Erinnerungen an das Konzentrationslager Ravensbrück, wo sie in den Jahren 1941-1945 inhaftiert war.